Ricardo Fernández Romero

Iniciación

al piano
y los teclados

TIKAL

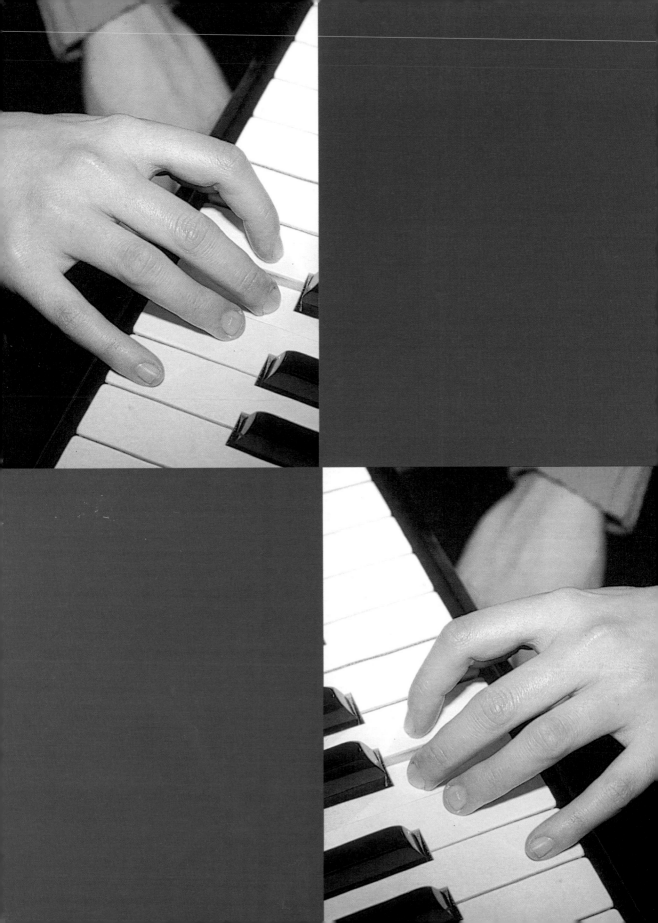

Ricardo Fernández Romero

Iniciación

al piano
y los teclados

TIKAL

El autor desea expresar su agradecimiento a:
  Music Alex. Instruments.
  Classic Jazz. Escola de música.

Tikal Ediciones
C/ Campezo, 13
28022 Madrid
Fax: 913 009 110
tikal@susaeta.com

Diseño de cubierta e interiores: Sarsanedas, Azcunce & Ventura
Maquetación: Masdeu Giménez scp
Fotografías: Soledad Corna, Carmen Guixé, Ana Doblado,
  Stock Photos e Incolor Fotostock

Impreso en España

Índice

Introducción

¿Cuál es el rey de los instrumentos musicales? Cada instrumento es distinto de los demás y tiene sus particularidades, y de todos ellos se pueden extraer sonidos y melodías bellas, dramáticas, sobrecogedoras o divertidas. Pero si tuviéramos que contestar a la pregunta, muchas personas, músicos o no, situarían entre los primeros puestos al piano.

Sin ser expertos concertistas o virtuosos de este instrumento, pocos pueden escapar al encanto del piano. Aunque no hayamos presenciado la actuación de un solista, el sonido del piano nos ha acompañado a lo largo de nuestra vida en múltiples ocasiones. No sería exagerado hablar, incluso, de la «ubicuidad» del piano. En los géneros más dispares, podemos detectar la presencia de este instrumento: en la canción ligera y en la música clásica; en el jazz y en la canción de autor; en las más sencillas y pegadizas melodías pop o en complejas composiciones orquestales junto al buen número de instrumentos de los grandes conjuntos sinfónicos.

A poco que pensemos en sus usos, repararemos en la enorme versatilidad de este instrumento: podemos usarlo para interpretar las más sutiles y encantadoras melodías, o para crear con él oscuros y amenazadores sonidos. Del piano podemos extraer todo su lirismo o toda su fuerza ronca cuando el pianista se inclina sobre las teclas más graves. Pero, por su característica forma de producir el sonido, es un instrumento adecuado para interpretar, además de melodías, los más frenéticos ritmos. En el jazz, el valor del piano es completamente distinto al que tiene en la música clásica. En el jazz, el piano marca el ritmo o sirve melodías angulosas, nerviosas, llenas de *swing* y de fuerza. Nada más distinto que uno y otro tipo de música y, sin embargo, qué bien se adapta el mismo instrumento a cada contexto. Nos maravilla la capacidad camaleónica del piano para que cada nuevo intérprete

reinvente en él cualquier género musical anterior. Otros instrumentos —la guitarra, el violín— pueden hacer lo mismo, pero la facilidad con que el piano se transmuta bajo las manos de cada músico nos seguirá fascinando siempre.

El piano no ha sufrido transformaciones importantes desde mediados del siglo XIX. Hasta ahora, sólo se ha perfeccionado su construcción, se han añadido nuevos materiales, nuevas formas de unir las piezas o mejoras que hacen más compleja la idea fundamental de su inventor, el italiano Cristofori, que creó el primer piano a principios del siglo XVIII. El piano consiste, esencialmente, en una serie de pequeños martillos movidos por palancas (accionadas, a su vez, por las teclas blancas y negras) que golpean una serie de cuerdas dispuestas horizontal o verticalmente a lo largo de un gran cajón de madera. Éste es el funcionamiento básico del piano, sobre el que volveremos más adelante. Y este sistema de palancas, martillos y teclas, con todos los me-

canismos necesarios para que funcione a la perfección, no se ha visto alterado hasta la aparición, durante la segunda mitad del siglo XX, de otra clase de instrumentos de teclado: los pianos eléctricos y otro tipo de teclados electrónicos. Aun así, dentro de la música experimental pueden hallarse casos curiosos de modificaciones del piano. La más conocida de todas es la que llevó a cabo el compositor de vanguardia norteamericano John Cage. Este músico ideó la posibilidad de alterar el sonido del piano de forma aleatoria, imprevisible, mediante la introducción de objetos de materiales y de tamaños distintos dentro del piano, distorsionando el sonido que los martillos producen al golpear las cuerdas.

Los nuevos instrumentos de teclado, por supuesto, no han desplazado al clásico piano, a pesar de que con ellos se logre extraer sonidos nunca antes oídos y que, desde luego, el piano no puede crear. Estos teclados eléctricos no han venido a sustituir al piano; en cualquier caso, a

acompañarlo, abriendo caminos nuevos para la música. Por otro lado, no toda la música para piano puede ser interpretada con estos nuevos instrumentos. O quizá sí, pero no logramos imaginar cómo toda la belleza de un concierto para piano de Beethoven puede ser igualmente extraída de la partitura por un aparato electrónico. Falta ese algo inefable, esa calidad propia e intransferible del piano, sobre todo del gran piano de concierto. Bien es verdad que, hoy en día, existen instrumentos electrónicos no excesivamente caros que pueden imitar razonablemente bien el sonido de un buen piano, lo que nos permitirá acceder en casa a la interpretación de las mejores obras de los más famosos compositores; pero, en definitiva, si lo que se ansía es la reproducción fiel del sonido de un piano acústico, es mejor adquirir uno y no una imitación electrónica, siempre, claro está, que eso sea razonable para nuestras posibilidades económicas.

Los teclados eléctricos son quizá propios de otro tipo de música, como el pop o la música electrónica. Con ellos podemos crear nuevos sonidos o imitar los instrumentos de la orquesta sin separarnos de las teclas blancas y negras. Su número es cada vez más amplio, y se fabrican en diferentes tamaños y con diferentes prestaciones. Así, tenemos los que imitan, mejor o peor, los sonidos de varios instrumentos y que ofrecen la oportunidad de disponer de ritmos pregrabados de diversos estilos de música para acompañarnos al tocar. También contamos con otros, los sintetizadores, con los que podemos investigar los elementos que componen el sonido y disfrutar descubriendo nuevos mundos sonoros.

En el terreno de la música popular (pop y rock), el teclado rivaliza en protagonismo con la emblemática guitarra eléctrica. Los nuevos géneros que surgen en el cambiante mundo del pop se apoyan en hallazgos tímbricos y rítmicos que los músicos gobiernan o crean mediante instrumentos de teclado.

Unos y otros instrumentos de teclado, con la excepción de los grandes órganos de las catedrales, se tocan básicamente igual, aunque existen, de todos modos, ciertas diferencias, como el uso de los pedales, por ejemplo, y otras características.

No es cometido de este libro forjar virtuosos del piano, no al menos si tenemos en cuenta que el piano es un instrumento lo suficientemente complejo como para requerir varios años de aprendizaje y de ejercicios continuos, lo que exige una enorme disciplina. Tocar el piano es, sin duda, una de esas actividades que necesita de un continuo aprendizaje para no olvidar los conocimientos y la práctica adquiridos, o para avanzar a través de nuevos desafíos. Pero esto nos lleva ya demasiado lejos: hacia una carrera de pianista profesional. En este libro, intentaremos, sobre todo, presentar el instrumento y plantear los primeros acercamientos, para que, poco a poco, el piano y los teclados, según los gustos de cada aficionado, vayan revelando sus posibilidades y encantos. A partir de este libro, después de una primera toma de contacto que incluye algunas nociones básicas de teoría musical y ejercicios, el principiante decidirá qué camino tomar.

No es necesario alcanzar un nivel de virtuoso para, por ejemplo, poder expresar las propias emociones a partir de la composición de ligeras melodías. Algunos acordes y, desde luego, una dosis mínima de talento y gracia serán suficientes para crear nuestras primeras canciones. Basta echar un vistazo a los cancioneros de ciertos artistas pop para convencerse de que pronto se puede empezar a disfrutar del piano o de los teclados.

El piano y los niños

El aprendizaje del piano plantea ciertas dificultades para los niños; en realidad, para cualquiera que se acerque a él por primera vez.

Las dificultades derivan de las propias características del piano. En primer lugar, se trata de un instrumento de una amplitud de registro considerable en relación con otros instrumentos, como la flauta. Así, mientras que ésta alcanza algo más de dos o tres octavas, según el tipo de flauta, el piano de concierto puede alcanzar hasta ocho octavas, lo que se traduce en un número de teclas de hasta 88.

En algunos casos, las teclas que deben tocarse según la melodía que se interpreta se encuen-

tran un poco alejadas entre sí, lo que dificulta el trabajo, especialmente de unas manos pequeñas como las de los niños. Dicha dificultad puede ser vencida, poco a poco, mediante ejercicios y esperando a que la mano del niño se desarrolle, por lo que no es necesario forzar el alcance de los dedos más allá de lo que naturalmente les resulte posible. Por otro lado, las melodías más sencillas y populares no exigen grandes desplazamientos sobre el teclado.

El piano es un instrumento que exige un nivel elevado de coordinación de las manos y de los pies. Las manos deben desplazarse sobre el teclado, y los dedos, aprender a tocar correctamente las teclas sabiendo sobre qué parte de éstas deben posarse. Además, los dedos deberán trabajar de forma coordinada e independiente, lo que, en otras palabras, significa que cada dedo debe aprender a ir por separado con respecto a los otros, o casi. La independencia de los dedos de las dos manos no es algo natural, sino que se

consigue con entrenamiento. El alumno también deberá familiarizarse con la fuerza adecuada para tocar las teclas y, así, extraer los matices necesarios que exija la partitura o la melodía que esté interpretando. Esto dependerá de la práctica y del sentido artístico de cada cual, más allá de ciertas indicaciones mínimas que orienten al intérprete.

Por otro lado, las manos deben coordinarse con los pies, pues éstos pueden accionar los pedales, generalmente tres, de que dispone el piano para modificar el sonido. En este libro no hablaremos del uso de los pedales, sino que nos centraremos en los pasos preliminares de la técnica del piano.

El piano es un instrumento que, a diferencia de otros, como los de viento, permite tocar varias notas a la vez (acordes) o bien tocar notas por separado. Ésta es una de las razones de sus grandes posibilidades, pues existen muchísimas combinaciones de sonidos para formar acordes y

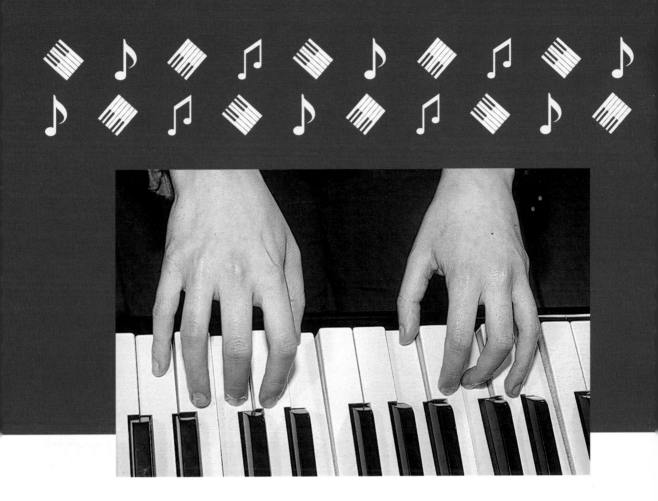

la capacidad para combinar acordes con notas individuales es infinita.

Al tocar con dos manos, la complejidad melódica y rítmica de este instrumento es considerable. Una mano debe coordinarse con la otra para que la melodía que la una interpreta pueda ser correctamente acompañada con la melodía o la serie de acordes que interpreta la otra. La independencia y simultaneidad de lo que tocan las dos manos se traduce en la partitura en dos notaciones distintas y simultáneas. Esto viene a significar que el músico tiene que leer dos textos a la vez: los correspondientes a cada una de las manos. Esta lectura de la partitura, compleja, exige un esfuerzo intelectual que se corresponde con un buen entrenamiento mental. Quizá algunos niños, poco avezados en el manejo de procesos mentales abstractos, encuentren mayor dificultad que otros.

A propósito de la doble actividad a la que se ve obligado el niño —tocar y leer al mismo tiempo una partitura—, no cabe desatender el esfuerzo ocular que esto supone, sobre todo para niños de corta edad, ya que el papel con las anotaciones musicales, situado sobre el piano o el teclado eléctrico, se encuentra un tanto alejado de la cabeza del niño.

No quisiéramos dar la impresión de que el piano sólo presenta problemas, pero tampoco sería realista dejar de lado las dificultades que el instrumento ofrece para quienes nunca han tenido contacto alguno con él. En este libro no se pretende que el aprendiz se convierta en un maestro en un corto periodo de tiempo, sino que los problemas que aparezcan en su camino una vez que ha empezado a explorar el instrumento puedan parecer resolubles con atención, dedicación y, también, con un cierto esfuerzo.

La mejor edad para aprender a tocar el piano puede situarse entre los ocho y los nueve años. No es cierto que un buen aprendizaje del piano sólo sea posible si se ha comenzado desde

muy pequeño. A cualquier edad puede empezarse a disfrutar de este instrumento, si bien la agilidad y las capacidades mentales para la coordinación de los movimientos pueden limitar o determinar el grado de dominio que se tendrá sobre el mismo.

A diferencia de lo que ocurre en otros instrumentos, el piano realiza prácticamente todo el trabajo de la producción de sonido: el músico sólo debe empujar hacia abajo las teclas. Una mínima presión puede producir ya sonido, por lo que, desde un punto de vista estrictamente físico, no es un instrumento fatigoso de tocar. El niño y el adulto aprenderán a dosificar la energía con la que atacar las notas. Precisamente, otra de las razones para la sonoridad del piano es la relativa facilidad, con respecto a otros instrumentos que exigen un mayor esfuerzo, para lograr efectos dramáticos según la presión de los dedos sobre las teclas.

Este instrumento resulta especialmente adecuado para personas (niños y adultos) sensibles y con tendencia a un cierto aislamiento de los demás. El piano permite disfrutar plenamente de la música sin necesidad de ningún acompañamiento. Pero si la práctica de este instrumento puede parecer demasiado solitaria, en seguida se comprobará lo bien que se integra en cualquier conjunto o en el contexto de todo tipo de música, ya sea acompañando a otros instrumentos o a la voz.

Por otro lado, la complejidad del piano y el esfuerzo intelectual que exige lo hacen especialmente adecuado para aquellos niños de capacidad intelectual avanzada que se aburren en la escuela al no encontrar, entre otros compañeros de menor rendimiento, desafíos a su altura. En este sentido, el piano puede ser un continuo reto en el que se unen tanto el placer de la creación artística como el de la autosuperación intelectual.

¿Piano o teclado?
La elección del instrumento

La elección entre teclado y piano para el inicio del aprendizaje dependerá de la orientación del niño o del adulto. Si se pretende que el niño no sólo se inicie en este instrumento, sino que se le quiere dar la oportunidad de continuar el estudio del mismo, quizá resulte preferible proporcionarle desde el principio un piano acústico, siempre de la mejor calidad que sea posible para el presupuesto de que se disponga. Si se sospecha que el instrumento de teclado puede convertirse tan sólo en un juguete o que no será el principio de una carrera posterior, o si el interés del intérprete se acerca más a la música pop que a los grandes clásicos, puede ser preferible adquirir un teclado. En estos casos, el teclado dispondrá de un mínimo de cuatro octavas (49 teclas en total) y de teclas de tamaño natural, y no reducidas.

Es más importante que el teclado tenga una buena calidad de sonido que una gran cantidad de sonidos almacenados. Muchos de los sonidos que ofrece el teclado pueden acabar siendo sólo curiosidades que no vamos a usar después de haber jugado con ellos algunos días. Conviene que el teclado pueda reproducir con la mayor fidelidad posible dos o tres tipos de sonidos de piano (de concierto, eléctrico, etc.) y algunos tipos de órgano (Farfisa, Hammond, etc.). También es aconsejable que el teclado garantice, en lo posible, un funcionamiento mecánico, sobre todo de las teclas, capaz de reproducir la sensibilidad de un piano acústico.

La opción de teclados electrónicos basados en el sistema MIDI (un formato de codificación digital del sonido) nos ofrece la posibilidad de grabar nuestra propia música y garantiza la comunicación de nuestras composiciones con un amplio número de máquinas, incluidos los ordenadores personales. Esta posibilidad resulta interesante si la compra de un teclado responde a

la intención de hacer música con otros amigos, por ejemplo, en una banda de pop. Así, un teclado electrónico MIDI puede ser una buena inversión si se quieren adquirir otros instrumentos y aparatos de grabación y modificación del sonido con los que construir un pequeño estudio casero de producción de música.

Sin llegar quizá tan lejos, si nuestras intenciones son más modestas, cabe tener en cuenta lo siguiente: en casi cualquier hogar existe ya un ordenador, por lo que podemos plantearnos la posibilidad de adquirir un teclado y un programa de ordenador, no excesivamente caro, para poder usar la máquina como una pequeña grabadora. Mediante el teclado MIDI y algunos programas adecuados, podemos convertir el ordenador personal en un pequeño estudio en el que grabar nuestros ejercicios y escucharlos. El teclado nos permitirá jugar con diversos sonidos y también posibilitará que escuchemos nuestra propia interpretación. Es éste un aspecto que puede convertirse en un buen aliado del aprendizaje, pues, a veces, mientras practicamos una y otra vez este o aquel ejercicio sobre el instrumento, podemos perder la perspectiva de lo que estamos haciendo y cometer errores o adquirir vicios que podrían evitarse si pudiéramos oírnos a nosotros mismos tocar. En este sentido, el ordenador personal puede ayudarnos mucho.

Tanto el piano como el teclado pueden cumplir perfectamente el papel de iniciadores en el mundo de la música. El piano es un instrumento completo y complejo, con el que pueden abordar-

se todos los secretos de la música y sus dificultades, siempre teniendo en cuenta que no puede saltarse de un nivel a otro de dificultad con demasiada rapidez. La armonía, el ritmo y cualquier otra área de la teoría musical abren sus puertas al pianista para que puedan ser exploradas. Pero si nuestra pretensión es otra —el simple divertimento a partir de las inmensas posibilidades de estos instrumentos—, hallaremos en los teclados una forma perfecta de sentirnos dueños de la música.

1

HISTORIA
del piano

Antes de explicar la historia del piano conviene situarlo en su familia de instrumentos correspondiente, pues de este modo se entenderá mejor el surgimiento y la evolución de los mismos, así como las necesidades que dieron lugar a la aparición del instrumento que nos ocupa.

El piano, como cualquier instrumento musical, responde a la idea de ser un aparato generador de sonidos que sirve a la concreción de ideas y de elementos musicales. Por tratarse de un instrumento mecánico, la producción del sonido depende de la acción humana sobre el mecanismo. El piano cubre, de forma quizá más rica que muchos otros instrumentos, lo que podríamos denominar el «campo del sonido», que abarca desde el golpe breve hasta el sonido prolongado; es decir, el piano puede convertirse en un instrumento puramente rítmico o bien en instrumento melódico.

Los instrumentos se clasifican de acuerdo con el modo de producción del sonido y, secundaria-mente, de acuerdo con el modo de ejecución y de construcción. Los instrumentos musicales mecánicos forman cinco grandes grupos:

• Idiófonos (autorresonadores). Instrumentos de percusión sin parche (maracas, matracas...).

• Membranófonos (resonadores de membrana o parche). Tambores y timbales.

• Cordófonos (resonadores de cuerdas). Instrumentos con cuerdas que vibran.

• Aerófonos (resonadores de aire). Instrumentos de viento (como las flautas), órganos, armónicas, etc.

• Electrófonos (resonadores de corriente eléctrica). Instrumentos con aparato de ejecución y de amplificación eléctricos, como órganos electrónicos, guitarras y bajos eléctricos, entre otros.

La práctica orquestal divide los instrumentos musicales, según su modo de ejecución, en tres grupos:

• Instrumentos de cuerda. Los cordófonos frotados (violines, violonchelos, contrabajos, etc.).

• Instrumentos de viento. Los aerófonos soplados, dentro de los cuales se distingue, según su material de origen, entre instrumentos de madera (como las flautas) e instrumentos de metal (trompetas, tubas, trombones, etc.).

• Instrumentos de percusión. La mayor parte de los idiófonos y de los membranófonos. Se distingue entre instrumentos de altura determinada (pueden afinarse con respecto a determinadas notas) e indeterminada.

El piano, aunque pueda parecer sorprendente, pertenece a la familia de los cordófonos, es decir, de los instrumentos de cuerda, como el violín o el arpa. Pero, como es evidente, se diferencia considerablemente de éstos.

Dentro de la familia de los cordófonos existen diferentes grupos según el modo de ejecución:

• Punteo. Estos instrumentos se tocan con los dedos, como el laúd y la guitarra, o mecánicamente, pellizcando las cuerdas, como es el caso del clave, instrumento de teclado anterior al piano.

• Percusión. Se tocan golpeando las cuerdas, bien con varillas o láminas duras (también llamadas plectros), o con algún tipo de mecanismo. A este grupo pertenece el piano, pues las cuerdas se golpean mediante pequeños martillos que se accionan con las teclas.

• Frotación. Esta categoría engloba los instrumentos cuyas cuerdas se frotan con arcos, como el

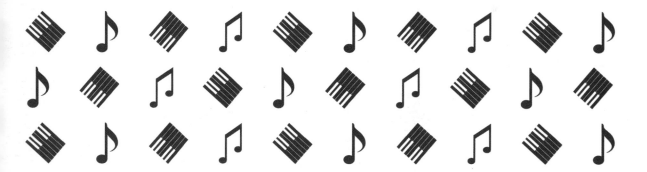

violín, o con ruedas de madera que la mano hace girar contra las cuerdas, como la zanfona.

Los directos antecesores del piano no son el clave, el clavicordio, el virginal o la espineta (instrumentos sobre los que hablaremos más adelante), sino las cítaras o los salterios, de gran antigüedad. A este grupo pertenecen, además del salterio, de origen griego, el dulcemel o dulcimer (salterio alemán usado en la Edad Media),

el címbalo de origen húngaro, la cítara-arpa y el arpa eólica, un curioso instrumento muy usado por los románticos en el siglo XIX y cuyas cuerdas las hace vibrar el viento. En cierto modo, el piano no es sino una cítara a la que se ha añadido un teclado que ahorra el trabajo de golpear la cuerda directamente con la mano. Aunque, como veremos, la invención del piano no se debe a un ahorro del esfuerzo físico, sino a una búsqueda de una serie de ventajas que ningún instrumento de cuerda percutida de la época podía ofrecer.

Así pues, no es la presencia del teclado la que determina la pertenencia de un instrumento a una familia o a otra, sino la forma en que este teclado ayuda a producir el sonido; así, los órganos, que también tienen teclado, pertenecen a una familia distinta, pues el sonido en ellos se produce mediante el aire, y su sistema de funcionamiento se basa en el mismo principio que el de las flautas.

Los teclados aplicados a diversos instrumentos se usaban desde la Edad Media. El origen de la palabra «teclado» está en el término latino *clavis*, que significa «llave», pero que también indicaba «nota», nota musical. En los instrumentos de teclado se solía escribir la nota que producía cada tecla, con lo cual, por extensión, la palabra *clavis* sirvió, asimismo, para designar cada una de las teclas del instrumento. El término *clavis* está en el origen de la palabra francesa *clavier*, de la alemana *Klaviatur* y de la inglesa *keyboard* (el *clavis* latino se corresponde con el inglés *key*, que también significa «llave»). Cabe recordar que muchos instrumentos de teclado electrónicos se denominan en inglés, francés o alemán con la palabra «teclado».

El más remoto antecedente del piano podría ser el salterio, como ya hemos dicho. El salterio es un tipo de cítara, un instrumento que consiste en un número variable de cuerdas sujetas sobre una caja de resonancia plana, generalmente de madera. Las cuerdas están afinadas, de tal modo que pueden interpretarse melodías golpeándolas con la mano, una varilla o una pieza metálica llamada plectro. Parece ser que este tipo de instrumentos existe en Europa desde la antigüedad clásica. Se los conoce con diversos nombres: sambyke, sabecca, sambuca, etc. Algunos de estos instrumentos usaban, para cada nota, tres cuerdas que debían golpearse a la vez, con lo que se ganaba en sonoridad.

A este instrumento, y a todas las variedades que del mismo surgieron en Europa, se les añadió un teclado. No se conoce bien cuándo ocurrió este fenómeno, pero el uso de teclados para otro tipo de instrumentos puede situarse a principios de la era cristiana. En todo caso, durante la Alta Edad Media se aplicó el uso de teclados para los órganos de iglesia, aunque las teclas que se usaban eran descomunales: de más de un metro de longitud y de diez o más centímetros de ancho.

El uso del teclado para tocar el salterio parece ser una invención de finales de la Edad Media y permitió, sobre todo, una mayor precisión a la hora de golpear las cuerdas. En aquellos primitivos instrumentos de teclado, las teclas accionaban unos plectros, en ocasiones extremos de plumas de ave o piezas de metal, para pellizcar las cuerdas. Desde el fin de la Edad Media hasta el siglo XVIII surgieron una serie de instrumentos de cuerda accionados con teclado que, si bien no pueden considerarse directamente antecedentes del piano, sí fueron la inspiración para que éste surgiera, por fin, en el siglo XVIII. A continuación vamos a describir brevemente algunos de estos instrumentos.

La **espineta** debe su nombre al italiano Giovanni Spinetti, que se supone la inventó a principios del siglo XVI, aunque no se puede descartar que fuera un invento anterior. En Inglaterra se

la conoció bajo el nombre de «virginal». Es una caja de forma cuadrada u oblonga con un teclado y una serie de cuerdas, una para cada nota. Las cuerdas tensadas tenían una mayor o menor longitud según la altura de la nota que se interpretaba con ellas: más corta la más aguda, más larga la más grave. La sonoridad del instrumento también dependía de la forma de la caja.

El **clave**, llamado en Francia *clavecin*, en Inglaterra *harpsichord* y en Alemania *Klavizymbal*, es similar a la espineta. Es un instrumento en el que el teclado pellizca las cuerdas, que a diferencia de la espineta y del clavicordio, que luego examinaremos, presentan la misma orientación del teclado, como sucede en el piano moderno. La forma de la caja que contenía las cuerdas era similar a la del piano de cola moderno (forma «de ala de pájaro», como se decía en la época). Este instrumento de teclado alcanzaba una amplitud de cuatro octavas, los claves más antiguos (construidos a partir del siglo XVI), o de cinco octavas, ya en los del siglo XVII. Esto nos indica que se trataba de instrumentos muy completos, capaces de producir un abanico de sonidos mayor que otros instrumentos como los de viento o los de cuerdas frotadas, como los violines.

La afinación de estos instrumentos era muy compleja, pues no había acuerdo entre los diferentes fabricantes a la hora de asignar las teclas a las diversas notas, ya que aún no se había establecido un sistema común para fijar los intervalos entre las notas que componen las octavas (sobre estos detalles de teoría musical aplicados al piano volveremos más adelante con explicaciones detalladas y accesibles). Algunos de estos claves llegaron a disponer de un número enorme de teclas, como uno construido en el siglo XVI y que contaba con 124 teclas (cabe recordar que el piano de concierto moderno suele tener 88 teclas y que muchos teclados electrónicos se fabrican con sólo cuatro octavas, es decir, 49 teclas).

El mecanismo de este instrumento musical no ofrecía la posibilidad de modificar la intensidad con la que se pellizcaba la cuerda. Para intentar solucionar este problema, sobre todo cuando los primeros pianos empezaron a hacer la competencia al clave, se ideó un complejo sistema de pedales y de cuerdas suplementarias. Cada nota contaba con varias cuerdas en el instrumento. Mediante los pedales u otros mecanismos, como palancas, se podía escoger el número de cuerdas por nota que intervendrían: cuantas más cuerdas fueran pellizcadas, mayor sería la intensidad del sonido. Precisamente, el sistema que usa el piano para golpear las cuerdas simplificará los complejos sistemas del clave e incluso mejorará la capacidad del músico para controlar y modificar la intensidad y la calidad del sonido.

Hasta la aparición del piano, el clave gozó de un considerable éxito, y durante los siglos XVI y XVII se convirtió en un instrumento ideal para acompañar a otros instrumentos y también a la voz humana en el canto, desplazando en importancia al órgano.

Otro instrumento, el **clavicordio**, suplía en parte algunas de las carencias que los compositores y los intérpretes de los siglos XVII y XVIII encontraban en el clave. Este último se convirtió, gracias al esfuerzo de los constructores de instrumentos europeos, en un instrumento apto para toda clase de virtuosismos, y músicos como Bach o Scarlatti le dedicaron numerosas y magníficas composiciones. Pero, para muchos, el instrumento sonaba frío, rígido, incapaz de adaptarse a los matices de una interpretación delicada en la que los sentimientos pudieran encontrar su forma de expresión. El clavicordio, otro instrumento de cuerdas accionadas por teclado, solventaba, en parte, estas limitaciones del clave.

El clavicordio sí puede considerarse el directo antecedente del piano, pues consiste en una serie de cuerdas tendidas sobre una caja y que son golpeadas por un conjunto de pequeños martillos accionados por las teclas.

Su mecanismo es relativamente sencillo. Los martillos golpean las cuerdas en un determinado punto, más cercano o más lejano a uno de sus dos extremos. Al golpear en distintas partes de las cuerdas, se consiguen sonidos más graves o más agudos. Pero para lograr esto debe asegurarse que sólo una parte de la cuerda vibre y no las

dos. Decimos una y no las dos partes, pues la cuerda puede vibrar tanto a un lado como al otro del punto donde golpea el martillo. Para evitar que vibren los dos lados, uno de los extremos (la parte izquierda) de la cuerda se envuelve en una cinta de tejido que impide la vibración. Dicha cinta se llamaba «apagador fijo», porque apaga el sonido. Desde que se produjo este invento, todos los pianos tendrían también su sistema de apagadores. Más adelante se añadió una pieza de madera (un «puentecillo») en un determinado punto de cada cuerda para dividirlas y establecer qué parte de las mismas debía vibrar y cuál no.

Al principio, este instrumento sólo contaba con una veintena de cuerdas, por lo que sus posibilidades eran pocas. Pero en seguida se le añadieron más cuerdas y teclas. Desde el siglo XVI hasta el XVIII, el clavicordio compitió con el clave sin éxito. Sin embargo, las características de este instrumento serían más tarde aprovechadas y sustancialmente mejoradas a partir del

piano. Y es que la música que empezaba a gustar en el siglo XVIII buscaba las virtudes del clavicordio más que las del clave.

El clavicordio disponía de sensibilidad al toque. Esto quiere decir que el mecanismo era capaz de traducir en sonido la diferente presión que se ejercía sobre la tecla. De esta manera, era posible una interpretación más atenta a la expresión del matiz, a la sensibilidad, pues la tecla podía ser acariciada o golpeada, de forma que esa cuidada forma de tocarla tuviera un efecto inmediato sobre la nota obtenida. Sin embargo, el sonido que podía emitir el clavicordio era de poca intensidad comparado con el del clave, de ahí que éste lo sustituyera para la música de concierto y que el clavicordio quedara relegado al ámbito de lo doméstico.

La invención del piano responde a la necesidad de aunar y superar todas las virtudes de estos instrumentos, eliminando las limitaciones de cada uno de ellos. El piano, como el clavicordio,

es un instrumento en el que se percuten las cuerdas con martillos y que consigue, mejor que éste, transmitir al sonido la sensibilidad demostrada en la forma de tocar las teclas. Además, posee una mejor y mayor sonoridad y un mejor dinamismo, o, lo que es lo mismo, permite al virtuoso demostrar sus habilidades.

El **piano**, según todos los indicios, se inventó en Italia, gracias al ingenio de Bartolomé Cristofori, músico y fabricante de claves. No se conoce con seguridad la fecha exacta de la invención. Algunos afirman que en 1702 ya había construido un primer piano; otros retrasan la fecha hasta 1709 o 1711. En cualquier caso, hoy en día Cristofori está unánimemente considerado como el inventor del piano, y bautizó el nuevo instrumento con el curioso nombre de *clavicembalo col piano e forte*. El nombre indica ya la principal diferencia respecto al clave: el nuevo aparato musical era básicamente un clave que podía tocar *piano*, es decir, suave, y *forte*, o sea, fuerte.

Al principio, el nuevo invento se difundió con cierta dificultad debido a la aceptación generalizada del clave. Incluso muchos años después, el famoso compositor italiano Rossini seguía prefiriendo el clave o el clavicordio al piano.

La difusión del piano en Europa se debió a manos alemanas, que adaptaron el mecanismo original de Cristofori y lo mejoraron rápidamente, aunque sin dejar de respetar los principios mecánicos en que se basa la originalidad del invento. Entre los primeros constructores de pianos alemanes destaca Silbermann, quien amplió considerablemente el mercado del nuevo instrumento. Poco después, algunos constructores de pianos alemanes emigraron al resto de Europa, sobre todo a Francia e Inglaterra. Erard en Francia, Broadwood en Inglaterra y Steinweg —que se americanizó el nombre para llamarse Steinway— en Estados Unidos fueron, y son aún, los herederos de las primeras marcas comerciales y constructores reputados, sobre todo este último, Steinway, cuyos pianos de concierto son los más apreciados.

Partes y funcionamiento del piano

El desarrollo del invento de Cristofori debe considerarse dentro del contexto de una nueva forma de entender y tocar la música que busca la sensibilidad, la expresión e incluso un cierto factor autobiográfico a la hora de trasladar al instrumento los sentimientos del compositor o del intérprete, que busca en el piano la forma de expresar estados de ánimo.

El ingenioso sistema de Cristofori no consiste en el uso de martillos para golpear las cuerdas, método que, como se recordará, ya se usaba en el clavicordio, sino en el mecanismo empleado para que los martillos golpeen las cuerdas.

En primer lugar, las teclas del piano no son sino palancas que van a impulsar los martillos contra las cuerdas; pero los martillos no están fijados a las teclas, ni las teclas actúan directamente sobre los martillos. Los martillos son, por tanto, independientes de las teclas.

¿Cuál es el trabajo de la tecla, entonces? El trabajo de la tecla es doble. Por un lado, impulsará el martillo, y por otro, separará el apagador de la cuerda. Ya hemos visto, en el caso del clavicordio, el uso de un dispositivo llamado apagador. Cuando la tecla está en reposo, la cuerda se encuentra en contacto con el apagador. Éste, como su nombre indica, apaga el sonido una vez que el pianista decide que debe cesar la nota que ha interpretado al apretar una tecla. La función del apagador es, entonces, impedir la vibración de la cuerda: actúa de manera semejante a cuando, al tocar con un dedo una cuerda que vibra, ésta se inmoviliza y deja de vibrar (por ejemplo, al pulsar la cuerda de una guitarra, la cuerda vibra; cuando posamos el dedo sobre ella, deja de vibrar y de sonar. Así trabaja el apagador.).

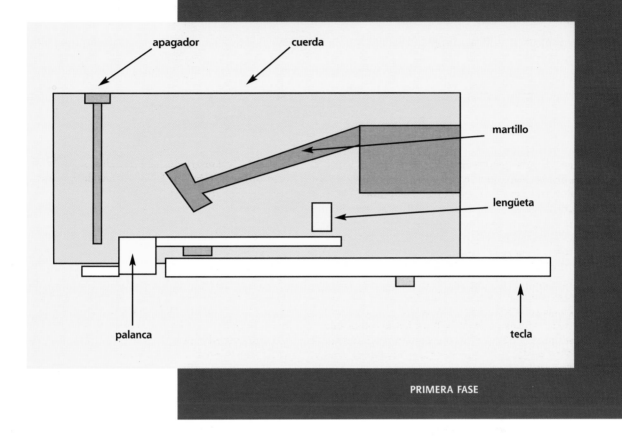

apagador cuerda

martillo

lengüeta

palanca

tecla

PRIMERA FASE

Cuando pulsamos la tecla del piano, el apagador es separado de la cuerda, por lo que esta última queda dispuesta para ser golpeada y vibrar; al mismo tiempo, la tecla acciona el martillo. El martillo, al golpear la cuerda, se separa de ésta inmediatamente, pues de no ser así, es decir, si el martillo permaneciera en contacto con la cuerda después de golpearla, ésta no vibraría. Esto se consigue por la existencia de un impulsor entre la tecla (la palanca) y el martillo. Este impulsor, o lengüeta móvil, transmite el impulso de la palanca al martillo y, al mismo tiempo, impide la relación directa entre la primera y el segundo. La posibilidad de que el martillo rebote contra la cuerda y descienda de nuevo, dejando que la cuerda vibre, se llama «escape». Así pues, al bajar la tecla con el dedo, la fuerza ejercida se transmite mediante la lengüeta impulsora al martillo. El martillo golpea la cuerda y cae.

Una vez puesto el dedo sobre la tecla, podemos optar por levantarlo en seguida o dejarlo sobre ella. Si mantenemos el dedo sobre la tecla, el sonido se prolonga en el tiempo debido a que el apagador permanece levantado. Cuando retiramos el dedo de la tecla, el apagador apaga la vibración de la cuerda, y el sonido cesa hasta que apretemos la tecla de nuevo.

Mostramos en estas páginas unos dibujos ilustrativos del mecanismo y de su funcionamiento en cuatro fases.

• Primera fase: el mecanismo, como puede verse en la ilustración, se sitúa por debajo de la cuerda. La tecla está en reposo y el apagador, junto a la cuerda.

• Segunda fase: cuando accionamos la tecla, el apagador se retira y el martillo sube hasta golpear la cuerda, pues la palanca que acciona la lengüeta por un extremo deja caer el apagador por el otro.

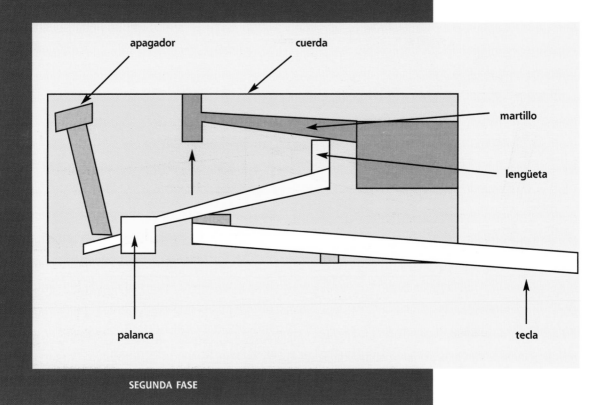

apagador   cuerda

martillo

lengüeta

palanca   tecla

SEGUNDA FASE

• Tercera fase: la tecla se mantiene bajada, por lo que el apagador deja que la cuerda vibre; al mismo tiempo, el martillo ha vuelto a su posición de reposo, pues después de recibir el golpe de la lengüeta, rebota contra la cuerda y baja.

• Cuarta fase: sería la vuelta de la tecla a la posición primera; es decir, el apagador subiría e impediría la vibración de la cuerda, lo que tendría como resultado la extinción del sonido. Al volver la tecla a su posición inicial, no se toca la lengüeta impulsora, por lo que el martillo permanece en reposo a la espera de que volvamos a presionar la tecla hacia abajo.

Éste es el sistema básico del piano acústico, que, con posterioridad a Cristofori, ha sido sometido a bastantes mejoras, aunque, en el fondo, se ha respetado el funcionamiento esencial. Las mejoras han buscado la precisión, la eliminación de los ruidos propios de las partes del mecanismo (para que no se resienta la pureza de las notas), así como favorecer la interpretación

virtuosística, permitiendo que se pueda tocar a gran velocidad.

De otra clase son las innovaciones en cuanto a los tipos de piano; el más interesante, por su extensión en toda clase de hogares como sustituto del gran piano de cola, es el piano de pared o piano vertical, en el que las cuerdas se disponen en vertical y no en horizontal, lo que ahorra espacio. El primer prototipo, creado en 1739, fue italiano. Cabe destacar la aplicación de los pedales, *piano* y *forte*, para modificar el sonido producido con el teclado.

Una vez visto el mecanismo, vamos a describir muy brevemente las partes del instrumento.

• La caja. Es el recipiente que contiene los mecanismos y que sirve, además, como cámara de resonancia para amplificar el sonido. Suele ser de madera de álamo y abeto, secada de forma natural. Se construye a partir de láminas encoladas.

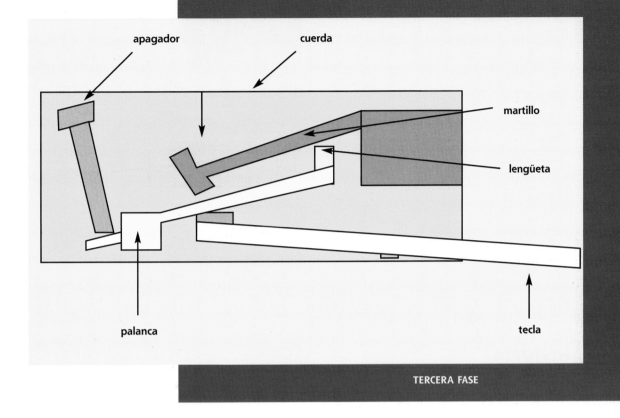

apagador

cuerda

martillo

lengüeta

palanca

tecla

TERCERA FASE

• El clavijero. Es donde se fijan las clavijas para las cuerdas. Suele ser de madera de haya y muy resistente, para soportar las afinaciones de las cuerdas, que se tensan a gran presión.

• El tablón-soporte de las teclas. Tiene forma de telar y sobre él se dispondrá el teclado.

• La tabla armónica. Sobre ella se situarán las cuerdas. En la tabla existe una especie de puentecillo por el que pasan las cuerdas. En este puente, que es una pieza de madera, hay una serie de marcas de metal para fijar las cuerdas a una misma distancia.

• El armazón. Se trata de una estructura de hierro forjado en la que se fijarán las cuerdas. Es casi el esqueleto del piano. Se fabrica en hierro, pues debe resistir la enorme presión que ejercen las cuerdas (esa presión es a veces de un valor equivalente a 18 toneladas).

• Las cuerdas. Son de acero de diferentes espesores. Las cuerdas para producir los sonidos más graves se revisten con hilo de latón o de hierro. Las cuerdas más delgadas sirven para extraer sonidos más agudos, mientras que a los sonidos graves les corresponden cuerdas más gruesas. En realidad, todas las cuerdas deberían ser del mismo grosor, pues para producir un sonido más grave basta con hacer la cuerda correspondiente más larga. Pero esto daría lugar a cuerdas larguísimas, incluso de varios metros. Por lo tanto, para evitar esto, se fabrican con diferente grosor.

• Las teclas. Se fabrican en madera (tilo, abeto) y tradicionalmente se suelen recubrir con marfil, para las teclas blancas, y con ébano, para las negras (en los pianos más caros). El extremo no visible suele ir recubierto con fieltro, para que no produzcan ruidos al volver a la posición de reposo.

2

HISTORIA
de los teclados

Los teclados no comparten el sistema de producción del sonido descrito para el piano acústico; en este caso, la creación mecánica de los sonidos ha sido sustituida por su generación a partir de medios eléctricos o electrónicos. Así, como es fácil de imaginar, los teclados son un tipo de instrumentos completamente distinto, aunque el modo de interpretar la música e incluso los sonidos que se pueden obtener con ellos sean los mismos.

Los teclados están ligados, en un primer momento, a la necesidad de explorar nuevas formas de sonido, y se encuentran al servicio de las innovaciones en estilos musicales que se producen a lo largo del siglo XX. De hecho, los instrumentos de teclado han estado relacionados con las vanguardias artísticas hasta bien entrado el siglo XX. Sólo a partir de la década de los setenta se popularizaron diversos modelos de teclados electrónicos y sintetizadores que acercaron definitivamente la electrónica al consumo de masas y que cambiaron, por tanto, la forma de hacer música popular.

Los primeros teclados fueron intentos de aplicar la electricidad a los pianos acústicos existentes en el último tercio del siglo XIX. No se los puede considerar sino pianos amplificados y, por tanto, aún no teclados. Algunos de estos primeros intentos recibieron nombres tan curiosos como neo-Bechstein (Bechstein es el nombre de una muy conocida marca de pianos acústicos) o electrocordio.

Hay que esperar al siglo XX para que aparezcan los primeros instrumentos considerados bajo la denominación de teclados. Pero antes de seguir con esta breve historia, cabe hacer alguna aclaración. Usamos la denominación «teclados» para englobar todos los instrumentos electrónicos generadores de sonidos y dotados de un teclado, que es la forma aparentemente física en que se produce el sonido. Pero, como hemos dicho, los teclados no producen el sonido, sino que

éste se genera electrónicamente, de modo que el uso de las teclas no es en realidad fundamental, pues los sonidos podrían controlarse por botones o de cualquier otra forma que permita gobernar un dispositivo electrónico. De hecho, muchos de los primeros aparatos electrónicos generadores de sonido no tenían un teclado, como es el caso del curioso trautonium, diseñado en 1928 por el alemán Freidrich Trautwein, profesor de acústica en Colonia. Su aspecto era vagamente similar al de una computadora y funcionaba gracias a la adaptación de un soporte con una serie de cables del que pendían una suerte de pinzas, que hacían la función de teclas. Era un tipo de instrumento capaz de generar una gama tal de sonidos, con una calidad tan especial, que ningún sintetizador ha podido imitarlo. Pero, aunque se intentó popularizar su uso (a principios de los años cincuenta, la empresa Telefunken ideó unos modelos portátiles, llamados Volks-Trautonium, para comercializarlos de forma masiva), su complejo uso ha limitado muchísimo su presencia. De hecho, ésta ha quedado reducida a su, prácticamente, único intérprete en la actualidad: el músico y compositor Oskar Sala.

Pero si el uso del teclado se generalizó en esta clase de instrumentos vanguardistas, fue gracias a la evidente utilidad del sistema de teclas para facilitar la aplicación de estas máquinas a la música de la época. Las teclas equivalen a un sistema de botones que pone en marcha la máquina de producir sonidos, que es el teclado.

Dentro de esta denominación de «teclados» cabría hacer una distinción fundamental, pues existen los aparatos que vamos a seguir denominando teclados y aquellos que, propiamente, deberíamos llamar sintetizadores.

Uno y otro término se usan a veces de forma indistinta, pero aluden a instrumentos musicales diferentes, aunque ciertamente muy próximos. El

popular **teclado** es aquel instrumento electrónico que tiene grabado, en una especie de memoria similar a la de los ordenadores, lo que podíamos llamar un «banco de sonidos» dispuestos para su uso. La calidad de cada uno de estos sonidos varía según el precio del instrumento. Suelen constar de cuatro octavas, es decir, de 49 teclas. Los sonidos que incluyen son como pequeñas muestras que, mediante el teclado, pueden accionarse, haciendo sonar un piano o una trompeta de forma distinta, según la tecla que se use. Los primeros tipos de teclados y de sintetizadores no podían transmitir la sensibilidad del toque de la tecla al mecanismo, lo que daba lugar a un sonido rígido, fácilmente distinguible del instrumento original y siempre de peor calidad. Hoy en día, ese inconveniente se ha superado, aunque el teclado no podrá imitar las técnicas propias de cada instrumento. De ahí que a sus usuarios siempre se les escaparán los matices de las diferentes y complejas técnicas que el flautista, por ejemplo, usa para soplar en su flauta travesera. Por todo ello, el uso de estos teclados es especialmente indicado para acompañar canciones y partituras sencillas que no requieran lucimientos especiales.

Los teclados incluyen sonidos que imitan diversas clases de pianos, de clavicordios y de pianos eléctricos de jazz, instrumentos de viento, metal, cuerda y percusión. Suelen ir acompañados de una serie de ritmos pregrabados con los que el pianista puede acompañarse: jazz, rock, blues, pasodoble, salsa, etc.

En el grupo de los teclados podemos incluir también los diferentes tipos de órganos electrónicos. Se trata de teclados que, a diferencia de los anteriores, no reproducen sonidos pregrabados de otros instrumentos, sino que generan un tipo de sonido peculiar que puede ser controlado mediante las teclas y algún otro dispositivo, también controlado por teclas o botones. Los órganos Hammond, creados en la década de los

treinta, son característicos por su sonido cercano al de los pequeños órganos de iglesia que funcionan con un fuelle accionado con los pies. Se han usado especialmente para el blues, el rythm and blues y el rock. Otro tipo de órgano similar es el Farfisa, muy empleado durante la década de los sesenta en el mundo del pop y el rock.

A diferencia de los teclados, los **sintetizadores** son capaces de producir sonidos. Los teclados, podríamos decir, sólo reproducen los sonidos que ya tienen pregrabados; los sintetizadores, en cambio, pueden crear sonidos nunca antes oídos y permiten su manipulación. De este modo, estos instrumentos abren nuevos caminos para la música, aunque, al disponer también de un teclado, pueden ser usados para interpretar melodías. A diferencia de los órganos eléctricos, el nivel de manipulación y control del sonido es total, de tal forma que producen una gama mayor de sonidos.

Un elemento primordial en muchas variedades de sintetizadores, por lo menos hasta la llegada de la era del chip, es el oscilador. En los primeros sintetizadores, éste era el mecanismo electrónico productor del sonido. También se conoce como «generador de tonos» o *tone oscilator*, en inglés, y fue inventado en 1915 por Lee De Forest. Produce un sonido básico; en realidad, algo así como un bloque de ruido sin forma, sin texturas. En los sintetizadores, se usa junto con otros mecanismos para modificar el sonido.

Uno de los primeros sintetizadores o antecedentes del sintetizador fue el aparato conocido como Ondas Martenot. Fue inventado por el francés Maurice Martenot y tiene un curioso aspecto de órgano modernista. Produce sonidos a partir de oscilaciones eléctricas, mediante tubos electrónicos que el intérprete acciona manipulando un condensador variable.

Los primeros sintetizadores propiamente dichos se crearon a partir de la década de los cuarenta. Estos sintetizadores, así como las prime-

ras computadoras, eran muy voluminosos y de difícil transporte, de manera que quienes los fabricaban y usaban eran centros dedicados a la investigación musical. Generalmente se trataba de auténticos laboratorios de sonido, dependientes, en ocasiones, de grandes emisoras de radiodifusión nacionales, como la ORTF, en Francia, o la WDR, en Alemania. También las grandes compañías de la industria fonográfica (RCA) subvencionaron la creación y la investigación de nuevos aparatos electrónicos.

Estos primeros sintetizadores consistían en generadores de sonido que producían una onda de sonido pura y uno o varios filtros capaces de modificar la onda producida y experimentar, así, con el sonido resultante. En todo caso, como es fácil imaginar, este tipo de aparatos era de muy difícil acceso, y no sólo para el público, sino también para los propios músicos.

El primer sintetizador comercial manejable y de uso mayoritario fue inventado por el esta-dounidense Robert Moog a finales de los años sesenta. A su inventor debe su nombre y, así, se conoce como sintetizador Moog. Desde mediados de los sesenta, este aficionado a la electrónica y comercializador de otro tipo de instrumento electrónico, el theremin, estaba desarrollando un modelo de sintetizador a petición del compositor Herbert Deusch. El sintetizador modular de Moog consiste en uno o varios generadores de sonido y en una serie de filtros y otro tipo de modificadores dispuestos en forma de módulos interconectados por cables y botones, de tal manera que las ondas de sonido producidas pueden modificarse; el resultado es una combinación de sonidos prácticamente ilimitada.

Otros investigadores fabricaron sintetizadores similares y portátiles, como Paul Ketoff, inventor del synker. Pero fue Robert Moog quien realmente consiguió popularizar el sintetizador, sobre todo a partir de los modelos mini-Moog,

que convertían el sintetizador en un aparato portátil. Los grandes modelos de Moog resultaban una maraña de botones y cables difíciles de usar para músicos poco avezados. El nuevo instrumento penetró en el mundo del pop y el rock, y, bastante menos, en del jazz. Su sonido es a veces frío y amenazador, y otras, divertido y extraño. Muchos grupos lo han usado, y no ha sido raro en las películas de ciencia ficción, por su extraño y fascinante sonido.

A partir del Moog se genera toda una gama de sintetizadores de muy diversas clases. En Europa se crean el ondioline, el VCS3 y otros con nombres igualmente extraños y evocadores. El gran cambio vendrá a partir de la generalización y el abaratamiento de la informática aplicada. Los sintetizadores se convertirán en pequeñas computadoras y desplazarán a los viejos sintetizadores con generadores de sonido y similares. Marcas como Akai, Yamaha, Korg y Roland fabrican, desde finales de los setenta, nuevos modelos de sintetizadores. Muchos de ellos incorporan secuenciadores, es decir, aparatos que permiten grabar y controlar una sucesión de sonidos a voluntad, de tal modo que la «construcción» de un tema ya no tiene por qué depender de la reunión de varios músicos en un estudio de grabación, sino que puede ser llevada a cabo por un solo instrumentista y su máquina.

La última gran revolución en el mundo de la electrónica aplicada a instrumentos musicales la ha traído el formato MIDI.

El formato MIDI

La palabra MIDI responde a las siglas *Musical Instrument Digital Interface* (interfaz digital para instrumentos musicales). En realidad, alude a un formato de transmisión de datos, es decir, un formato que transmite información musical de modo que puedan entenderla aparatos computerizados o basados en el funcionamiento de los ordenadores. Se trata de un formato establecido en 1983 tanto para hardware como para software. Este estándar de transmisión de datos es actualizado, a nivel mundial, por la asociación MIDI Manufacturer's Association (MMA), y en Japón, por el MIDI Standard Comittee (JSMC). Como se ve, la ventaja es el carácter universal de este formato. Dicho en otras palabras, este tipo de información es independiente del aparato que la genera, pues cualquier otro aparato, de cualquier otro fabricante, puede interpretar esa información. De esta forma, es posible aplicar las inmensas posibilidades del mundo de la informática a la música, con otra ventaja añadida: el aficionado a la música no necesita de grandes conocimientos musicales y puede producir música sin depender de otros músicos o de una infraestructura musical cara, como un estudio de grabación.

El éxito del MIDI y los aparatos que comparten ese formato es la conversión de la música, en su sentido más amplio, en información digitalizada. Así, elementos relacionados pero, hasta la invención del MIDI, distintos, como la producción mecánica del sonido, la interpretación, la suma de los sonidos hasta crear un tema musical, una canción, los efectos de manipulación del sonido, incluso la escritura musical de las melodías producidas, se transforman en un mismo tipo de datos que pueden ser tratados globalmente.

En torno al MIDI se han desarrollado una serie de instrumentos y de accesorios que pueden interconectarse entre sí, lo que facilita al músico un control casi total sobre la música, así como la posibilidad de modificar el resultado casi en cualquier fase del proceso normal de producción musical (desde la interpretación hasta la grabación de la pieza, pasando por los arreglos para la canción, etc.).

El entorno MIDI lo forman diversos elementos. Para iniciarse en las posibilidades de este entorno, proponemos los siguientes: un teclado MIDI, o teclado maestro, un módulo de sonido y un software informático musical. A estos aparatos pueden añadirse otros muchos hasta completar un auténtico estudio casero de producción de música.

El teclado maestro suele tener cuatro octavas, es decir, 49 teclas. Este tipo de teclado no produce sonido por sí mismo. En realidad, es algo así como un terminal informático o, incluso, simplificando mucho, un sencillo teclado de ordenador, pues se trata de un dispositivo para enviar información a otros elementos electrónicos. Este teclado manda una serie de datos musicales que no son sonidos, ni notas, sino tan sólo información en formato MIDI. Esta información se envía a otros aparatos que la descodifican y cumplen las instrucciones que, a través del teclado, hemos enviado.

El teclado se conecta, en primer lugar, mediante un cable adecuado al módulo de sonido. El módulo de sonido es el banco donde se almacena una muestra, más o menos amplia, de sonidos. En este sentido, se parece a un teclado en el que previamente se han almacenado muestras de sonido que luego, con las teclas, serán convertidas en una serie de sucesiones de notas musicales. El módulo, además de sonidos, puede producir diversos tipos de efectos que modifican los sonidos producidos por las teclas. El módulo funciona en asociación con el teclado, interpreta las órdenes recibidas de éste y produce el sonido o reenvía los datos que el teclado ha suministrado. El sonido parte del módulo hacia unidades externas de grabación, por ejemplo, un magnetófono o el mismo ordenador, que puede funcionar como tal. En el ordenador, la información puede quedar grabada bien como sonido o simplemente como instrucciones sin sonido (en seguida explicaremos esta segunda posibilidad).

Hasta el momento hemos definido una vía de transmisión de datos que parte del teclado y viaja a través del módulo de sonido, mediante cables.

En el camino que hemos definido, el ordenador es el destino final de toda la información producida. Hasta el ordenador llegan información y sonidos. La información incluye múltiples datos: el tipo de sonido que debe sonar (trompeta, piano, etc.), y que se encuentra en el módulo de sonido, las notas musicales, la velocidad del teclado, los efectos especiales, como los ecos y las reverberaciones, la intensidad del volumen del sonido, etc. Toda esta otra información también puede definirse desde el teclado, pues algunas de las teclas, además de producir sonidos, sirven para controlar otros aspectos de la interpretación musical. Así, al apretar una combinación determinada de teclas podemos definir el volumen que debe tener una melodía, por ejemplo, de piano. Y toda esta información puede grabarse en formato de canciones y en varias pistas, como en los magnetófonos profesionales. De esta manera, dato a dato, el músico puede convertirse en compositor y controlar todos los aspectos de la música, de la canción o de la composición que esté creando.

Pero el ordenador es, igualmente, el punto de partida de otro camino de la información, un camino de vuelta. Ya hemos dicho que en el ordenador podemos grabar sonidos, pero también sólo datos. ¿Cómo se produce entonces la música? La respuesta la encontramos a continuación. En el ordenador hemos grabado una información, toda la que habíamos producido a través del teclado y que había pasado por el módulo de sonido. Ahora, esa información parte del ordenador hacia el módulo de sonido, el cual interpreta todos los datos y los convierte en sonido, siguiendo las instrucciones que hemos dejado en el ordenador. El resultado es la transformación de una serie de datos digitales en sonido, que es posible grabar en un magnetófono conectado al módulo de sonido.

Si el ordenador se convierte en una especie de magnetófono o mesa de sonido, es gracias al software informático. Éste interpreta los datos enviados desde el teclado, los almacena y los redirige hacia el módulo de sonido o hacia otros instrumentos que sean compatibles con el formato MIDI. Este software (programas informáticos como Cubase y muchos otros) permite grabar sonido o datos, como hemos explicado. Se trata de programas que suelen estar diseñados para realizar las funciones que, en un estudio de sonido, hace una mesa de mezclas, y algunas más. Estos programas permiten grabar en diferentes pistas, es decir, superponer varias voces (la batería y el bajo por un lado, el piano, las guitarras, etc.), de tal modo que suenen al mismo tiempo, exactamente igual que si estuviéramos en un estudio de grabación, hasta lograr acabar una canción completamente. Una sola persona puede tocar todos los instrumentos, crear la melodía, el acompañamiento rítmico, etc. Así, podemos grabar una melodía al piano y,

mientras la escuchamos, grabar un acompañamiento adecuado con el mismo teclado.

Como vemos, este entorno MIDI permite que la información musical viaje en varias direcciones a la vez: del ordenador al módulo de sonido mientras oímos nuestra grabación, y del teclado al ordenador, pasando por el mismo módulo de sonido, mientras grabamos un acompañamiento al mismo tiempo que oímos nuestra melodía previamente grabada. El entorno MIDI permite una interacción muy completa entre los procesos musicales y el intérprete.

Pero estos programas informáticos ofrecen aún más ventajas. Por ejemplo, podemos modificar a voluntad los datos grabados desde el teclado. Así, si nos hemos equivocado en una nota al grabar una melodía o hemos cometido errores de sincronía al grabar una parte de una canción sobre otra anteriormente grabada, el programa permite reubicar las notas en el lugar adecuado, sin tener que volver a interpretar todas las partes de la canción de nuevo. De este modo, mediante el teclado y el programa del ordenador nos es posible crear nuestra música y modificarla. Por ejemplo,

podemos acelerar la melodía hasta una velocidad que nos resultaría imposible alcanzar por nosotros mismos sobre las teclas. También tendremos la posibilidad de usar técnicas de recortar y pegar, intercalando desde el teclado del ordenador, y no desde el piano, notas en una melodía o mezclando notas de varias melodías previamente grabadas en el ordenador, hasta obtener algo que no hemos tocado antes pero que puede resultar interesante. Y todas estas modificaciones se graban en formato MIDI, de modo que podemos grabar nuestros experimentos en un disquete de ordenador y llevarlos hasta otros ordenadores o módulos de sonido compatibles con el formato MIDI.

Algunos programas permiten grabar sonidos, y no sólo instrucciones en formato MIDI. Como hemos dicho, el formato MIDI significa que toda la información guardada no es sonido, sino, por decirlo de alguna manera, las instrucciones para que los aparatos electrónicos «toquen». El sonido grabado en un ordenador se convierte en datos tratados de forma digital y que, por cierto, ocupan un considerable espacio en el disco duro.

Con los programas adecuados, el sonido grabado mediante un teclado MIDI y a través de un módulo de sonido MIDI puede ser tratado hasta convertirse en algo completamente irreconocible. La libertad de la imaginación del músico o del aficionado se ve limitada, tan sólo, por la capacidad del ordenador (su memoria RAM y su espacio de disco duro, el tipo de procesador que posea, etc.). Aquí se abre un camino para la experimentación y el juego.

A estos aparatos podemos añadirles otros módulos de sonido. Pueden conectarse en cadena, pues muchos de ellos se comportan como interfaces o medios de tránsito de datos de un aparato hacia otro. Así, podemos aprovechar las ventajas de diversos módulos de sonido o módulos de efectos especiales y combinarlos y controlarlos desde un único teclado. Podemos ver aquí la ventaja del sistema MIDI, por la posibilidad de ir interconectando aparatos e interactuar con todos ellos, hasta construir un equipo capaz de trabajar de forma conjunta.

Otro aparato importante en la música moderna y en cierto modo revolucionario es el sampler. Este aparato, como el módulo de sonido, se ha independizado del teclado, pero puede usarse con éste. El sampler es un aparato de muestreo; dicho de otra manera, sirve para almacenar sonidos extraídos de soportes fonográficos. No vale para grabar sonidos de la naturaleza, pero sí para aprovecharnos de ese sonido de flauta que aparece en tal disco, o de aquel otro sonido de batería, etc. De esta manera, podemos «robar» sonidos y utilizarlos en nuestro teclado. Una vez más, se trata de un aparato que digitaliza la información, de tal modo que podemos hacerla pasar al ordenador y utilizarla desde allí, modificarla, reenviarla a otros aparatos MIDI o aprovechar ese sonido y, mediante el teclado, previamente conectado al MIDI, tocar.

El sampler ha generado toda una técnica en el mundo de la música popular. Una técnica que ha llevado a más de un músico a los tribunales, pues a veces los creadores originales de los soni-

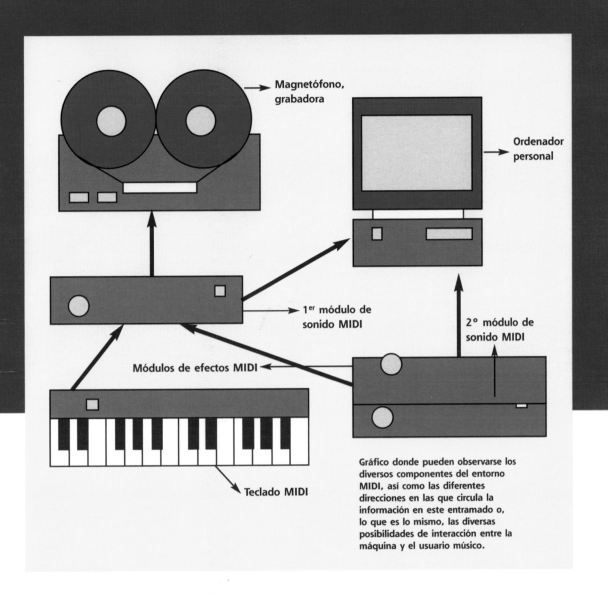

Magnetófono, grabadora

Ordenador personal

1er módulo de sonido MIDI

2° módulo de sonido MIDI

Módulos de efectos MIDI

Teclado MIDI

Gráfico donde pueden observarse los diversos componentes del entorno MIDI, así como las diferentes direcciones en las que circula la información en este entramado o, lo que es lo mismo, las diversas posibilidades de interacción entre la máquina y el usuario músico.

dos «sampleados» no están de acuerdo en que otros se apropien tan fácilmente de sus creaciones. Las posibilidades que abre el sampler para la creación y el uso de sonidos insospechados es, evidentemente, enorme.

A partir de estos aparatos, cualquier sonido es ya posible; cualquier aficionado puede, desde su casa, experimentar y grabar incansablemente sin ser un experto musical, pues muchas de nuestras limitaciones como músicos las resuelven estos aparatos que se encargan de subsanar nuestros errores. (Podemos improvisar cualquier melodía y grabarla mediante el software del ordenador, y éste, automáticamente, nos imprimirá la partitura de lo que hayamos interpretado, elegantemente presentada.) Por otro lado, el precio de estos aparatos es cada vez más asequible y su compatibilidad nos asegura que podemos ir ampliando poco a poco nuestro arsenal instrumental y tecnológico, sin dejar de aprovechar los elementos adquiridos hasta el momento.

3

ACERCÁNDOSE A LA MÚSICA:
el teclado

El instrumentista debe conocer el piano en su conjunto, pero el teclado es la parte del mismo que más nos obsesiona con sus dificultades, pues el principiante sabe que es en esa superficie blanca y negra donde debe poner toda su atención. Cada una de esas teclas produce un sonido, una nota. Conviene, por tanto, conocer esas notas y su ubicación sobre el teclado.

Los sonidos de un instrumento consisten en vibraciones de una determinada frecuencia de onda. Los instrumentos producen siete notas fundamentales —do, re, mi, fa, sol, la, si—, que forman una escala (de la nota más grave a la más aguda) conocida como octava. La escala completa que el oído percibe consta de nueve octavas. Cada escala se compone de las mismas

siete notas de las que hemos hablado, pero, entre cada nota igual de cada escala (por ejemplo, entre el si de la primera octava y el si de la segunda), existe el doble de amplitud de frecuencia; es decir, el número de vibraciones por segundo de una nota, respecto a la otra, es el doble. En otras palabras, el do de la primera octava es la misma nota que el do de la segunda, pero el do de la segunda octava es más agudo que el de la primera, el do de la tercera más agudo que el de la segunda, y así sucesivamente.

La octava agrupa siete notas, pero se llama octava porque tradicionalmente se completa la serie con el do de la siguiente octava, con lo que la octava queda así: do, re, mi, fa, sol, la, si y do (el segundo do pertenece a la octava siguiente).

Vamos a identificar, en primer lugar, la posición de la nota do en el teclado.

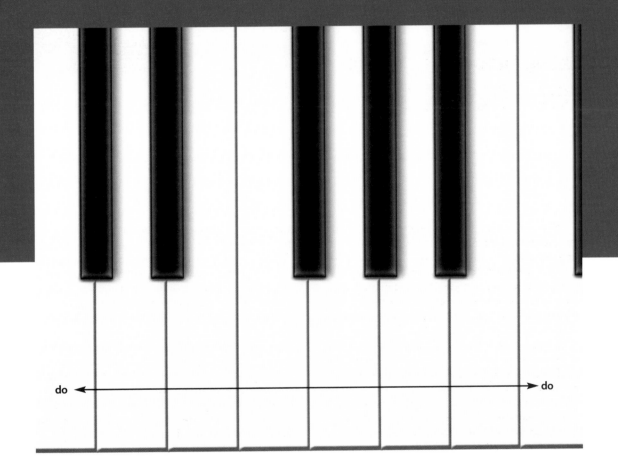

En efecto, la nota do es la que antecede a cada grupo de dos teclas negras en el teclado. Las teclas entre una nota do y la siguiente nota do forman una octava. En los pianos y en los teclados, el número de octavas varía entre cuatro y siete u ocho:

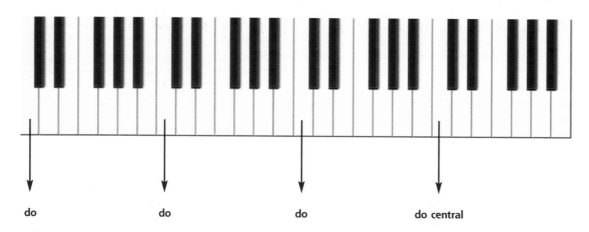

do   do   do   do central

El do central es el punto de referencia del teclado y la nota equidistante entre la más aguda y la más grave.

Como veremos, las manos se reparten el teclado teniendo en cuenta, precisamente, esa posición del do central, de tal modo que la mano derecha se ocupará de las teclas situadas a la derecha del do central, y la mano izquierda, de las situadas a la izquierda de esa tecla. Aunque, como es bien sabido, algunas veces la mano izquierda se desplaza sobre las teclas que corresponden a la derecha.

Acercándose al teclado: la posición del cuerpo y de las manos

El pianista debe sentarse ante el piano sin recostarse sobre el respaldo del asiento y asegurándose de que el antebrazo esté a la misma altura que el teclado. Es recomendable que se tome asiento sobre la parte anterior de la silla. El cuerpo puede estar un poco tendido hacia delante.

La posición de la mano requiere de una cierta naturalidad, es decir, debe posarse sobre el teclado procurando mantener los músculos de los dedos y de la muñeca relajados. La posición de los dedos será ligeramente encorvada, exactamente la misma que se logra simplemente al posar la mano sobre el teclado. Los dedos no estarán en ningún caso rígidos o tensos. En ocasiones, los dedos deben realizar esfuerzos suplementarios para alcanzar teclas bastante distantes, pero, en todo caso, debe procurarse no tensarlos.

Los dedos han de caer perpendicularmente sobre las teclas; sólo el meñique podrá tener una posición algo distinta. Para evitar que los dedos adopten la posición incorrecta con respecto a las teclas, deberemos procurar que la muñeca esté siempre, también, en una posición perpendicular sobre el teclado. Si no podemos evitar un pequeño movimiento desestabilizador, intentaremos, cuando menos, mantener un cierto equilibrio, de tal modo que la muñeca no se incline demasiado hacia el pulgar ni hacia el dedo meñique.

A partir de este punto, se presenta el primer gran escollo del aprendizaje de la técnica pianística: la independencia y la coordinación de los dedos.

La independencia de los dedos significa evitar la tendencia natural de los mismos a seguir todos la misma acción. Es fácil comprobar cómo nos cuesta que cada dedo se comporte como si no supiera qué hacen los otros. Además, hay que conseguir también que cada mano sea capaz de tocar melodías distintas por sí sola. Será necesario practicar ciertos ejercicios para adquirir estas habilidades imprescindibles, como veremos más adelante.

En cuanto a la fuerza que debe emplear cada dedo, hay que tener en cuenta que no todos tienen las mismas posibilidades. El entrenamiento y la autoescucha nos ayudarán a descubrir la fuerza necesaria para cada caso. De cualquier manera, no es necesario levantar demasiado los dedos; quizá, para interpretar ciertos pasajes, pueda ser recomendable, pero la fuerza no depende, en general, de la altura desde la que se dejen caer los dedos sobre el teclado, sino de la destreza con que aprendamos a usarlos. Como norma general, nuestra ejecución debe dar la impresión de que los dedos permanecen prácticamente inmóviles.

Existen diversas formas de tocar (ligado, *staccato*, etc.) que implican diferentes maneras de golpear las teclas. La más importante y,

Nota Do en la escala de Do mayor, mano derecha (foto izq.).

Nota Re en la escala de Do mayor, mano derecha (foto dcha.).

quizá, compleja es el ligado, que consiste en mantener el dedo sobre una tecla antes de tocar la siguiente, pero levantándolo en seguida, para simular un efecto de deslizamiento del sonido de una nota a la otra sin que éstas lleguen a superponerse.

La otra forma de tocar es el *staccato,* o picado, y consiste en que el dedo abandone la tecla nada más tocarla. La mano puede permanecer, entonces, inmóvil o bien levantarse con un ligero movimiento de muñeca.

Vamos a señalar, brevemente, la digitación, procediendo a numerar los dedos, pues a partir de la asignación a cada dedo de un número podremos identificar la tecla que debemos tocar para ejecutar una determinada nota o sonido, hasta obtener soltura y poder desplazar la mano por el teclado correctamente. Aunque a cada tecla no le corresponde siempre un mismo dedo y el mismo pasaje puede tocarse con distintas digitaciones, en general existen unas reglas que suelen asignar un dedo a cada tecla.

Los dedos de las manos se numeran así:

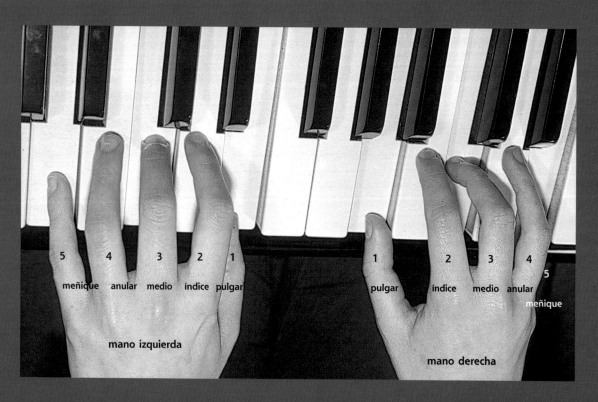

La posición de los dedos se corresponde casi siempre con unas determinadas teclas. Cada una de las teclas corresponde a una nota musical. De momento, antes de explicar qué son las notas musicales y algunas otras lecciones útiles de teoría musical o de solfeo, señalaremos la correspondencia de los dedos y de las teclas.

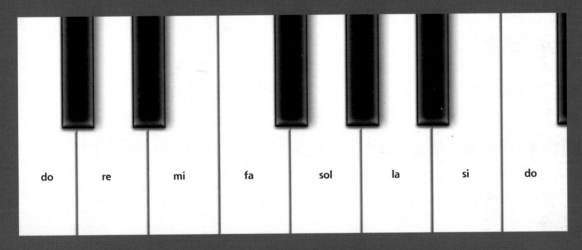

| do | re | mi | fa | sol | la | si | do |

Las teclas de cada octava corresponden a las siguientes siete notas:

Sobre cada una de las notas se posan las manos siguiendo la numeración para cada dedo. La mano izquierda se posa así:

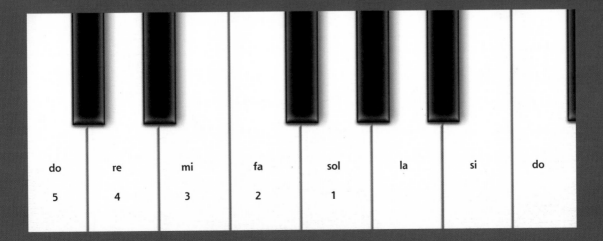

| do | re | mi | fa | sol | la | si | do |
| 5 | 4 | 3 | 2 | 1 | | | |

Nota Mi en la escala de Do mayor, mano derecha.   Nota Fa en la escala de Do mayor, mano derecha.

Los dedos de la mano derecha se corresponden con las teclas de esta manera:

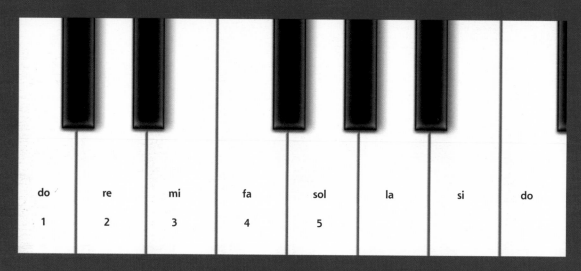

do	re	mi	fa	sol	la	si	do
1	2	3	4	5			

Observaremos que, evidentemente, con los cinco dedos no podemos alcanzar todas las notas de la octava. Para presionarlas deberemos cambiar el sistema de correspondencia de las teclas y los dedos. Para la mano izquierda, esta nueva disposición sería la siguiente:

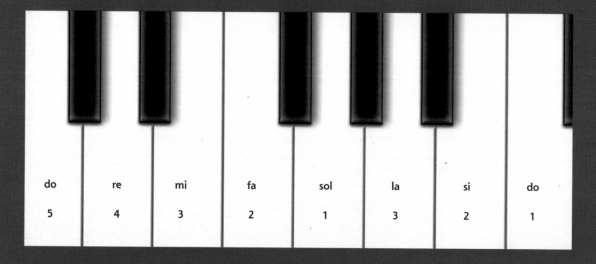

do	re	mi	fa	sol	la	si	do
5	4	3	2	1	3	2	1

Nota Sol en la escala de Do mayor, mano derecha (arriba).

Nota La en la escala de Do mayor, mano derecha (arriba dcha.).

Nota Si en la escala de Do mayor, mano derecha (abajo dcha.).

Para la mano derecha, la distribución de los dedos cambia:

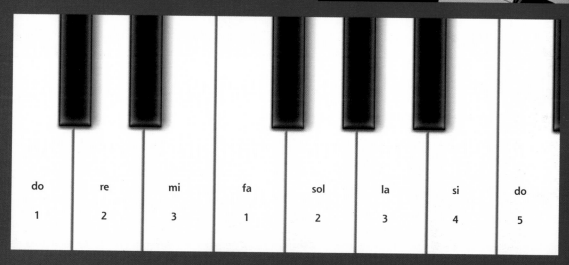

do	re	mi	fa	sol	la	si	do
1	2	3	1	2	3	4	5

Para poder alcanzar todas las notas de la escala debemos desplazar la mano en paralelo sobre el teclado, y el dedo pulgar y el dedo medio, cuya función explicaremos más adelante con mayor detenimiento, deben pasar por debajo o por encima de los otros dedos para continuar la escala.

Por otro lado, aún no hemos pulsado ninguna de las teclas negras, sobre las que pronto volveremos. El uso de las teclas negras, combinado con el de las blancas, generará otras combinaciones de dedos y de teclas. La escala que hemos descrito, tanto para la mano izquierda como para la derecha, es la escala de do mayor. Existen otras que iremos viendo, pues el ejercicio de recorrer las diferentes escalas con las dos manos es uno de los más beneficiosos para adquirir la deseada independencia de las manos. Pero estos ejercicios están aún lejos de nuestras habilidades: más adelante llegaremos a ellos. Antes, conviene tener en cuenta algunas nociones de teoría musical, pues con ellas podremos adentrarnos más tarde en la interpretación de melodías.

4

para piano

La octava agrupa siete notas, pero recibe este nombre porque, como ya se ha dicho, tradicionalmente la serie se completa con el do de la siguiente octava, con lo que queda así: do, re, mi, fa, sol, la, si y do (el segundo do pertenece a la octava siguiente). Con el piano se pueden ejecutar hasta ocho octavas. Con los instrumentos de teclado se suelen ejecutar cuatro octavas o, a veces, cinco. Existen teclados que pueden aumentar su capacidad mediante algún dispositivo electrónico, de manera que se les asigne una octava más, tanto en lo que correspondería a la clave de sol como a la de fa. Es decir, que se puede hacer emitir al teclado una escala más aguda o una más grave. Normalmente, las escalas que abarca un teclado corresponden a las escalas uno a cuatro o dos a cinco del piano acústico.

El piano es uno de los instrumentos de más amplio registro, es decir, que mayor número de octavas es capaz de abarcar, por lo que queda clara la variedad de su sonido frente a instrumentos como la flauta, que sólo abarca dos o tres octavas, u otros instrumentos de viento o de cuerda, cuyos registros no suelen ser tan amplios como los de los instrumentos de teclado. Sin embargo, a pesar de su amplio registro, en el piano no suelen usarse sino las escalas centrales, la segunda y la tercera en los teclados, que no son ni las más agudas ni las más graves. Resultan ideales, por tanto, para interpretar agradables melodías. Esas escalas son las que suelen intervenir en las melodías populares y en las canciones pop.

A continuación, usaremos el pentagrama para representar, en el lenguaje de la música, la amplitud de registro del piano (la cantidad de notas que pueden tocarse). Tomaremos como punto de partida un teclado de cuatro octavas, o 49 teclas. El **pentagrama** es el guión sobre el que se escribe la música. Consiste en cinco líneas horizontales y los cuatro espacios que que-

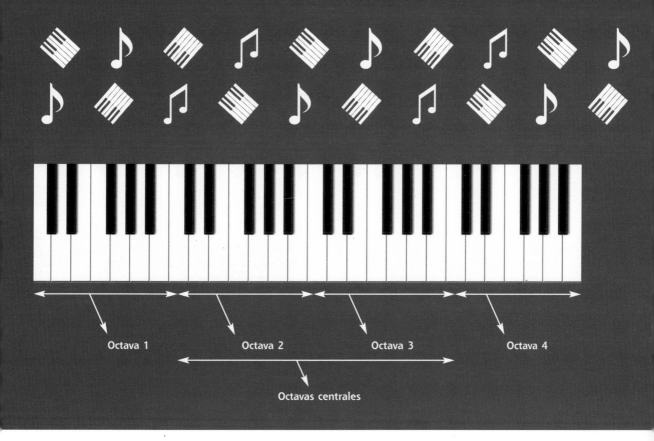

Octava 1   Octava 2   Octava 3   Octava 4

Octavas centrales

dan entre esas líneas. Las notas se escriben sobre las líneas y en los espacios entre ellas. El pentagrama se lee de abajo hacia arriba. Así, en las líneas y en los espacios inferiores se escriben las notas graves, y las líneas y los espacios superiores se reservan para las notas agudas. Podemos verlo en el siguiente dibujo.

En este pentagrama hay una serie de signos que explicamos, brevemente, a continuación. Sobre las líneas y los espacios aparecen unos círculos ovalados de los que surge un palito hacia arriba o, en algunas ocasiones, hacia abajo. Estos signos son **notas musicales.** Cada una de ellas indica un sonido, de una determinada

duración, interpretado a una determinada altura sobre el pentagrama. Dicha altura indica si es más grave o más agudo. Cortando en perpendicular las líneas paralelas, aparece una línea vertical. Esta línea es el símbolo **separador entre compases:** a cada lado de la línea queda un compás. Sobre la idea de compás volveremos cuando hablemos del ritmo y del tiempo.

A la izquierda figura una especie de voluta que ocupa las cinco líneas del pentagrama. Se trata de la **clave.** La clave indica la situación relativa de las notas sobre el pentagrama. Junto a la clave aparecen dos números en columna. Se trata del **tiempo,** un concepto relacionado con la idea de ritmo que veremos más adelante.

Cabe hacer una pequeña aclaración: las cinco líneas del pentagrama no recogen todas las posibles alturas de las notas. Hay notas más graves y más agudas que las que se pueden recoger en cinco líneas y los espacios que existen entre ellas. En la ilustración de la página anterior tenemos unos ejemplos: las notas de las primeras dos octavas están por debajo del pentagrama, y las tres últimas notas (la, si, do) de la última octava están por encima del pentagrama. Podemos observar que los signos que hemos dicho que representan notas aparecen en esas posiciones atravesados por una pequeña raya o bien tienen una rayita justo debajo de ellas. Lo que se ha hecho es añadir líneas al pentagrama original. Dichas líneas pertenecen al pentagrama, pero no se dibujan totalmente. Se denominan **líneas adicionales** y se pueden añadir tantas como convenga, según la altura de las notas. Pueden añadirse líneas por arriba, para las notas más agudas, y por debajo, para las notas más graves. Por debajo de las cinco líneas fundamentales existen otras cinco líneas fijas; juntas constituyen las dos claves principales: la **clave de sol** (indicada por el signo 𝄞) y la **clave de fa** (indicada por el signo 𝄢), como puede verse en la ilustración.

Así pues, la clave de sol puede prolongarse por abajo mediante la clave de fa, y ésta aún puede prolongarse con líneas adicionales inferiores para notas todavía más bajas. Existen, igualmente, otras claves para definir posiciones de las notas (indicadas a partir del símbolo 𝄡), pero que no vamos a usar para el piano.

Hemos dicho que el símbolo ♩ designa una nota. Se emplean diferentes tipos de notas para simbolizar la duración de un sonido en relación con otro sonido. Su aspecto sólo difiere en que su centro puede ser blanco o negro y en que se les puede añadir una serie de rayitas que harán cambiar su valor. La duración de las notas no viene fijada en unidades de tiempo; es decir, las notas no duran una determinada cantidad de segundos. Su duración es siempre relativa, pues una nota, en relación con otra, mantiene una duración proporcional.

En la siguiente tabla se muestra el valor relativo de las notas.

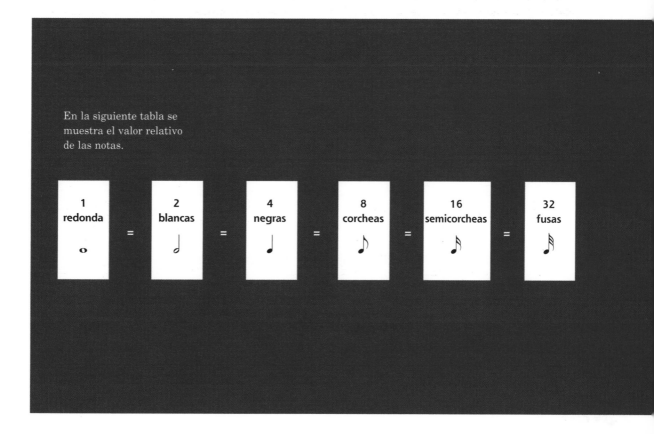

1 redonda		2 blancas		4 negras		8 corcheas		16 semicorcheas		32 fusas
𝅝	=	𝅗𝅥	=	♩	=	♪	=	♬	=	𝅘𝅥𝅰

A continuación mostramos sobre el pentagrama la equivalencia de la duración de las notas que acabamos de ver. Cada compás contiene un número de notas equivalente al compás anterior.

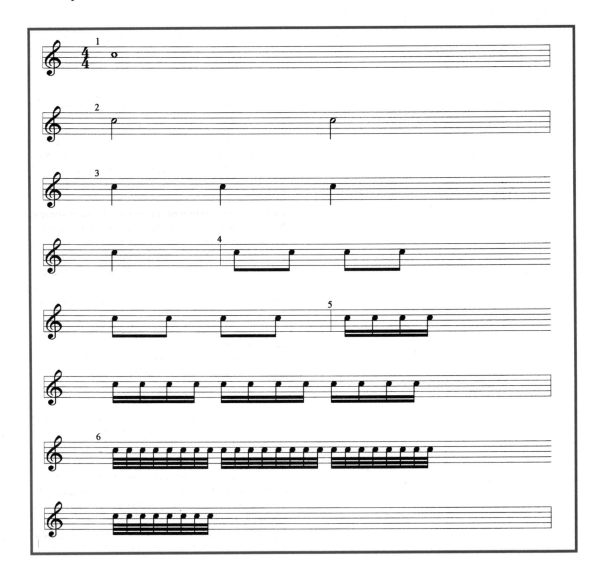

La duración de las notas puede tener valores intermedios con respecto a los que acabamos de describir. En esos casos, encontraremos notas con **puntillo.** Un punto colocado detrás de una nota aumenta su valor en un medio; dos puntos (menos común) aumentan su valor en tres cuartos.

Vamos a hablar, a continuación, de las teclas negras, a las que no hemos atendido hasta ahora. Las teclas se distribuyen de tal manera que a cada una corresponde una nota. Entre nota y

En la siguiente tabla se muestra el valor relativo de las notas con puntillo.

$\circ$. es igual a $\circ$ más $\smalldownarrow$

$\circ$ .. es igual a $\circ$ más $\smalldownarrow$ más $\smalldownarrow$

♩ . es igual a ♩ más ♩

♩ .. es igual a ♩ más ♩ más ♪

♪ . es igual a ♪ más ♪

♪ .. es igual a ♪ más ♪ más ♪

nota existe una, vamos a llamarlo así, «distancia», que es, en realidad, una diferencia en la amplitud de onda de cada nota, es decir, de cada sonido que denominamos con el nombre de una nota musical. Las diferencias de amplitud de onda de nota a nota están determinadas de forma matemática, aunque la relación que existe en esas diferencias de amplitud de onda no siempre sea exacta. Sin embargo, puede decirse que esa diferencia es siempre la misma.

La diferencia de grado entre dos sonidos se llama **intervalo.** El intervalo alude a la distancia que existe entre la amplitud de la vibración de las ondas producidas por dos notas consecutivas. No vamos a examinar la diferencia de amplitud entre nota y nota, porque entraríamos entonces en el terreno de la física y de la acústica. Nos bastará saber que entre nota y nota existe un intervalo que se denomina **tono.**

Este intervalo a veces puede ser menor, exactamente la mitad: en ese caso hablamos de **semitono.** Antes de continuar, vamos a fijarnos en las teclas del piano, porque a través de ellas podemos llegar a visualizar las distancias en tonos y semitonos entre las notas fundamentales que hemos ido viendo hasta ahora.

En el piano, las teclas blancas contiguas que no aparecen separadas por una tecla negra están a un semitono (medio tono) la una con respecto a la otra. Las que tienen una tecla negra entre sí se encuentran a un tono (tono completo) de distancia. De la misma manera, una tecla negra se halla a un semitono de la tecla blanca contigua.

Las teclas blancas del piano forman la serie de **notas naturales** que hemos visto hasta ahora. Pero en el piano es posible interpretar otras notas. Estas otras notas están a mitad de camino (vamos a usar esta expresión, para entenderlo fácilmente) de las notas naturales. Así, entre do y re existe otra nota. A estas notas se las llama **bemoles** y **sostenidos,** y dependen de las notas naturales entre las que se encuentran. Así, por ejemplo, si la tecla de do representa un tono determinado en la escala musical, la tecla negra entre do y re está a medio tono de do y a medio tono de re (a medio camino, recordemos). La tecla de re está, pues, a dos semitonos ($\frac{1}{2}$ tono + $\frac{1}{2}$ tono = un tono) de do. Observemos que existen algunas teclas blancas que no están separadas por ninguna tecla negra. Esto señala que hay notas naturales que no están separadas entre sí por un tono entero, sino por un semitono, por la mitad de un tono. Éste es el caso de las teclas que corresponden a si y a do, y de las teclas que corresponden a mi y a fa. Estas notas están, por lo tanto, a un semitono entre sí.

Las notas que se corresponden con las teclas negras del piano se llaman sostenidos o bemoles. Es decir, cada una de esas teclas puede usarse para interpretar dos notas distintas, pero que suenan igual. Estos conceptos pueden parecer oscuros, aunque es fácil aclararlos. Volvamos al dibujo del teclado del piano.

Como podemos ver en la figura, la tecla negra entre do y re es, a la vez, medio tono mayor que do y medio tono menor que re. Las notas que pueden interpretarse a través de estas teclas negras se definen precisamente con respecto a la nota natural de la que son medio tono mayor o medio tono menor. Cuando la nota que se interpreta en estas teclas es medio tono mayor que la nota natural (que se interpreta en la tecla blanca que precede inmediatamente a la tecla negra), hablamos de un sostenido. Dicho de otra manera, el sostenido es una nota (en el caso que examinamos, sería la nota do) aumentada en un semitono. La nota resultante se conocería como do sostenido y se representa con el signo # delante de la nota natural.

Pero esa tecla negra también puede equivaler a una nota medio tono inferior a la nota que se toca en la tecla blanca siguiente (en el caso que examinamos, sería la nota re). Entonces, estamos ante una nota natural disminuida en un semitono. Cuando a la nota re se le resta un semitono, obtenemos un re bemol. Los bemoles restan, por lo tanto, un semitono a las notas naturales. Como en el caso de los sostenidos, los bemoles afectan a una nota natural, por lo que siempre se usa el nombre de la natural seguido de la palabra «bemol». En el caso que estamos usando como ejemplo, la nota a medio tono por encima de do (do sostenido) da como resultado el mismo sonido que la nota a medio tono por debajo de re (re bemol).

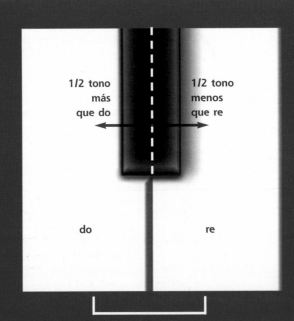

1/2 tono más que do

1/2 tono menos que re

do

re

1 tono

El signo que identifica las notas bemoles es ♭, delante de la nota natural en el pentagrama. Nosotros, para simplificar, usaremos el nombre de la nota natural seguido de la letra b; así, para indicar un re bemol escribiremos re b.

Vamos a establecer la escala de los semitonos para después detallar su interpretación, como hemos hecho para las notas naturales. La relación es la siguiente:

do sostenido y re bemol

re sostenido y mi bemol

fa sostenido y sol bemol

sol sostenido y la bemol

la sostenido y si bemol

Es necesario recordar que la nota mi solamente guarda un semitono de diferencia con la nota fa que le sigue; por lo tanto, el sostenido de mi es la propia nota fa, y el bemol de la nota fa es la propia nota mi. Igualmente, la nota si sólo guarda un semitono de diferencia con la nota do de la siguiente octava; por lo tanto, el sostenido de si es la propia nota do de la octava que le sigue, y el bemol de la nota do de una octava es la nota si de la octava que cierra ese mismo do.

En la ilustración se puede ver, sobre el teclado del piano el emplazamiento de los semitonos, sostenidos y bemoles.

El sistema de sostenidos y bemoles se repite para todas las octavas, porque la relación de diferencias de tono es la misma en cada una de ellas. Así, los sostenidos y los bemoles, nombrados como parte de una octava, los encontraremos acompañando a las notas naturales de la primera octava, la segunda octava, la tercera, la cuarta, etc.

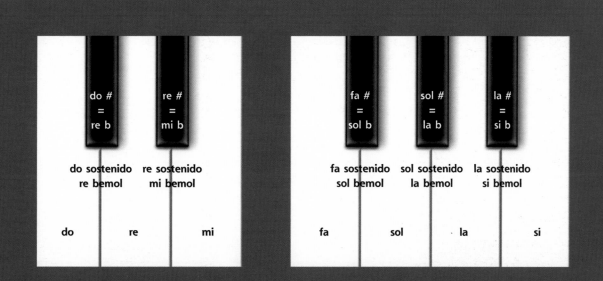

5

de digitación

A continuación proponemos algunos ejercicios de digitación para que los dedos puedan empezar a entrenarse sobre el teclado. Los ejercicios deben seguirse primero con la mano derecha y luego con la mano izquierda, o viceversa, y después con las dos manos a la vez para ajustar su coordinación.

Ejercicio 1

Ésta es la transcripción del ejercicio sobre el pentagrama.

La mano derecha debe colocarse sobre la cuarta octava, la más aguda en el caso del teclado y, por tanto, la situada en el extremo derecho del mismo. Las notas que intervienen son: sol-si-re.

En la siguiente ilustración se indican, bajo las notas, los números que señalan los dedos que deben emplearse para este ejercicio.

La interpretación debe realizarse ligando de dos en dos las cuatro notas que figuran sobre el pentagrama. Esto se indica mediante una línea curva dibujada por encima de los símbolos de las notas. El ejercicio se interpreta entonces así: sol-si/re-sol. No se debe intentar ser veloz desde el principio; es más recomendable no correr sobre las teclas.

Para interpretar este ejercicio no debemos preocuparnos del ritmo: podemos ejecutar las notas según nos parezca cada vez hasta encontrarnos a gusto con el ritmo que nosotros mismos seamos capaces de crear con sólo estas tres notas.

Este primer ejercicio puede completarse desplazando las manos sobre el teclado para inter-

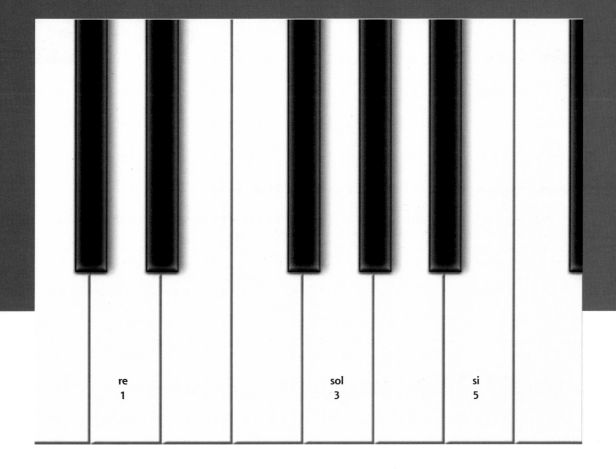

re
1

sol
3

si
5

pretar esta misma pequeña frase de tres notas sobre la octava anterior. En esa octava, repetiremos el ejercicio tal como lo hemos hecho ahora.

El paso siguiente que proponemos es la interpretación de este ejercicio sobre la tercera y la cuarta octavas, alternativamente:

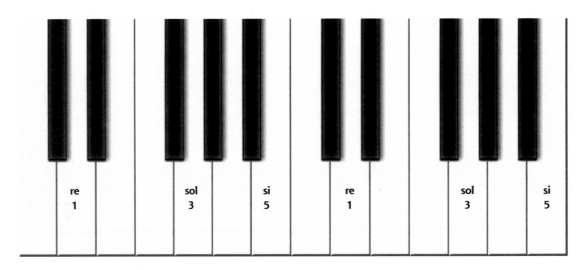

Podemos realizar este mismo ejercicio con la mano izquierda:

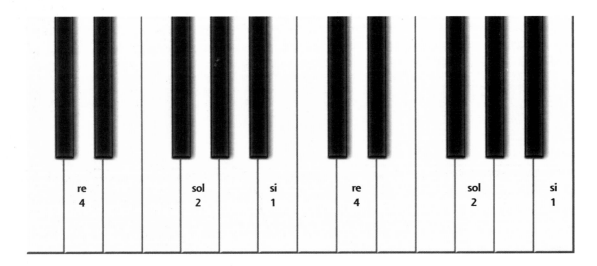

En este caso, ejecutaremos el ejercicio en primer lugar sobre la octava segunda, y luego sobre la primera. Como es evidente, los dedos que intervienen son otros. Probemos, como se indica en el dibujo anterior, a desplazar también la mano izquierda sobre el teclado, ocupando alternativamente las octavas primera y segunda.

Por último, podemos intentar un ejercicio más difícil. Se trataría de repetir esta misma simple frase de tres notas alternativamente con la mano izquierda y con la mano derecha. El ejercicio, paso a paso, se ejecutaría tal y como se muestra en la ilustración bajo estas líneas.

Obsérvese cómo esta vez hemos detallado qué dedos y cuándo intervienen, pero no dónde se po-

san. Conviene que el alumno vaya identificando de memoria las notas, las teclas y las posiciones de los dedos. Se trata de un trabajo quizá difícil al principio, pero se supera con la práctica. Será conveniente insistir sobre estos ejercicios antes de lanzarse a tocar alguna melodía.

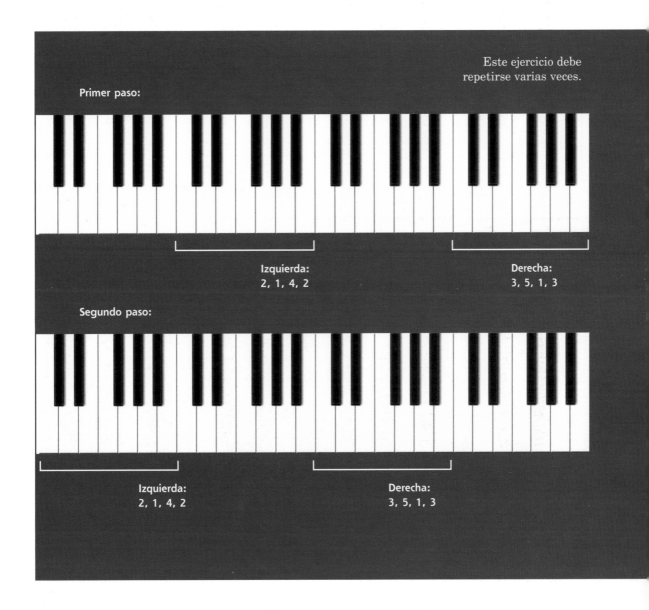

Este ejercicio debe repetirse varias veces.

Primer paso:

Izquierda:
2, 1, 4, 2

Derecha:
3, 5, 1, 3

Segundo paso:

Izquierda:
2, 1, 4, 2

Derecha:
3, 5, 1, 3

Para finalizar este ejercicio podemos, incluso, intentar la interpretación cruzada:

a) Subir, con la mano izquierda, de la primera octava hacia la segunda.

b) Bajar, con la mano derecha, de la cuarta octava a la tercera.

c) Bajar, con la mano izquierda, de la segunda octava a la primera.

d) Subir, con la mano derecha, de la tercera octava a la cuarta.

Si alguna de las variaciones nos resulta difícil, lo mejor es regresar a la práctica de la frase inicial: simplemente, con la mano izquierda o con la derecha, volveremos a interpretar las cuatro notas hasta que tengamos la seguridad suficiente como para dar el siguiente paso.

Ejercicio 2

Ésta es la transcripción del ejercicio en el pentagrama.

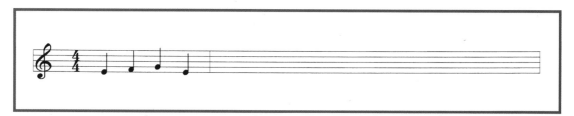

La mano derecha debe colocarse sobre la tercera octava, la que corresponde al do central. Las notas que intervienen son:

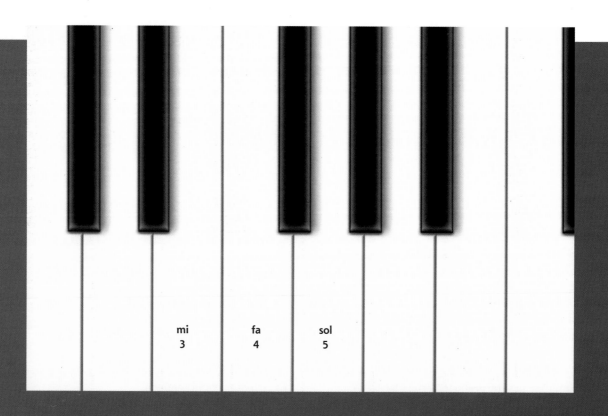

El orden de la interpretación sería, por tanto, 3, 4, 5, 3. Como en el ejercicio anterior, puede desplazarse la mano hacia la octava superior e interpretarse allí la misma secuencia.

Para la mano izquierda, la digitación es diferente:

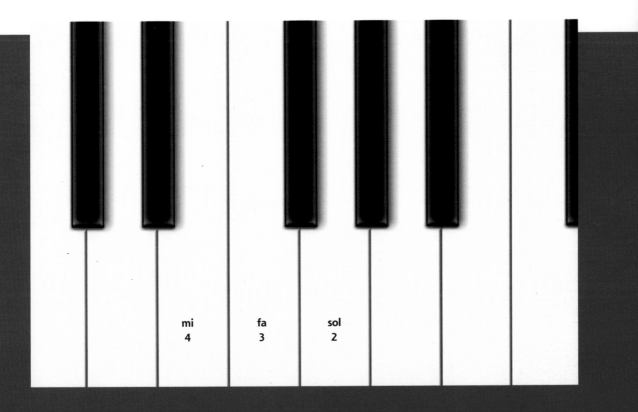

mi
4

fa
3

sol
2

La mano izquierda debe posarse sobre la segunda escala, la anterior a aquella que incluye el do central. El orden de los dedos será 4, 3, 2, 4. Una vez más, la mano izquierda puede desplazarse hacia la primera escala y de allí volver hacia la segunda, como en el ejercicio anterior.

Igualmente, podemos intentar la interpretación cruzada tocando con ambas manos a la vez:

a) Bajar, con la mano izquierda, de la segunda octava hacia la primera.

b) Subir, con la mano derecha, de la tercera octava a la cuarta.

c) Subir, con la mano izquierda, de la primera octava a la segunda.

d) Bajar, con la mano derecha, de la cuarta octava a la tercera.

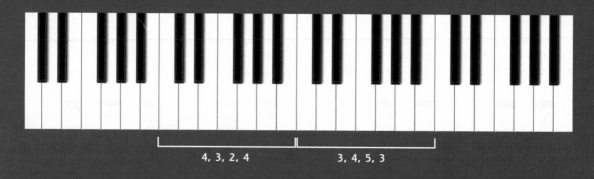

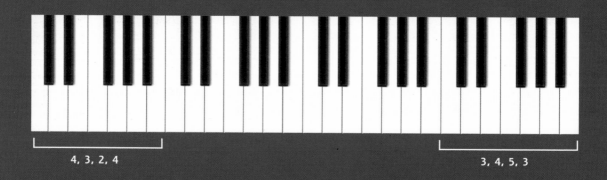

Cuando seamos capaces de practicar estos ejercicios con cierta soltura estaremos preparados para intentar tocar con las dos manos a la vez. Usaremos el patrón del ejercicio anterior para la mano derecha, y con la mano izquierda crearemos un breve acompañamiento.

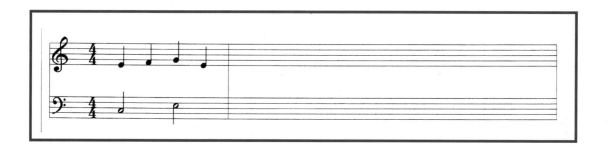

Esta vez, la mano izquierda interpreta notas de distinta duración, exactamente el doble que las notas que interpreta la mano derecha. La mano derecha se posará sobre la tercera octava, y la mano izquierda, sobre la segunda. La digitación queda de esta manera:

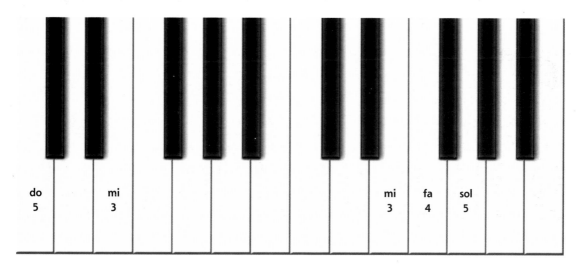

Podemos repetir este pequeño esquema melódico y rítmico en las octavas primera y segunda, segunda y tercera, y tercera y cuarta.

Observemos cómo en nuestra interpretación surge un ritmo basado en la mano izquierda, en las dos notas blancas, que valen el doble que las negras. El ritmo que habremos adoptado consistirá en un golpe fuerte, uno débil, uno medio y uno débil. Los **acentos** o notas que marcan el ritmo coinciden con las notas blancas que interpretamos con la mano izquierda. Vamos a introducir, a continuación, algunas nociones sobre el ritmo y los tiempos de compás, pues serán imprescindibles para adentrarse en la interpretación de melodías. Más adelante, realizaremos ejercicios fijándonos mucho en el compás.

6

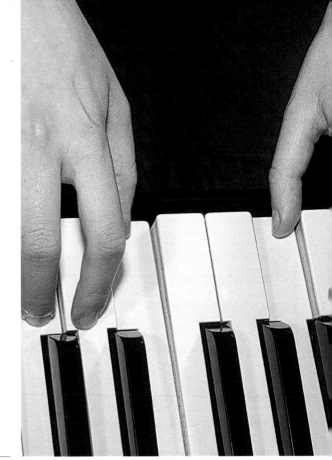

NOCIONES DE SOLFEO:
el ritmo y el compás

El ritmo en la música viene ligado a la idea de compás. El **compás** es ese espacio situado entre dos líneas verticales que cruzan el pentagrama. En el compás (y las diversas clases de compás) se describe el **ritmo** de una pieza. El ritmo suele dividir las notas de que se compone una pieza en débiles y fuertes. La diferente combinación de notas débiles y fuertes da lugar a los diversos tipos de ritmo. Ocurre de este modo como en la poesía o en el habla cotidiana, donde los acentos de las palabras, más otros fenómenos fonéticos, como la entonación de la frase, dan lugar al ritmo.

Para explicar la idea de compás y de ritmo es necesario acudir de nuevo al solfeo. Todos conocemos el ritmo de muchas piezas populares; las hemos aprendido de memoria mucho antes de empezar a tocar algún instrumento, de tal modo que, en esos casos, basta con conocer la manera de pulsar las notas para comenzar a tocar. Pero

muchas veces nos encontraremos con piezas nuevas que no conocemos, cuyo ritmo no sabemos. El pentagrama nos dará la información necesaria que nos permitirá orientarnos para hacer del conjunto de las notas no una simple sucesión de sonidos, sino una sucesión de sonidos con sentido.

Como decíamos antes, en la música aparecen una serie de **acentos fuertes y débiles.** Los acentos fuertes corresponden a las notas que figuran justo detrás de la barra de compás, la barra que corta verticalmente el pentagrama.

Cada compás puede constar de un grupo mínimo de dos acentos. Normalmente, la nota que va a continuación del acento fuerte es una nota de acento débil. También existen notas a las que corresponden acentos intermedios. Las combinaciones suelen ser las siguientes:

ACENTOS	COMPÁS			
	fuerte	débil		
	fuerte	débil	débil	
	fuerte	débil	medio	débil

Puede observarse que, según este cuadro, los compases pueden dividirse en tres categorías: los que cuentan con dos acentos, los que cuentan con tres acentos y los que cuentan con cuatro acentos. A partir de esta división, se habla de compases de dos, tres y cuatro tiempos, asignán-

dose a cada acento la idea de un tiempo. Hay otros tipos de compases, pero éstos son los más usuales y los que estudiaremos, aunque también existan compases de ocho tiempos, nueve tiempos, doce tiempos y dieciséis tiempos.

En la partitura, esta **división del compás en tiempos** se recoge en el inicio: son ese par de números en vertical que hemos visto ya junto a la clave en varios pentagramas. Estos números de compás pueden aparecer también en el transcurso de la pieza musical.

En los tiempos simples, el dígito de arriba indica el número de partes de cada compás, y el dígito de abajo señala el valor de cada parte, tomándose como unidad de valor el de las notas. Veamos el siguiente ejemplo:

En este compás encontramos el símbolo de 2/4 (se lee «dos por cuatro»), lo que significa que nos hallamos ante un compás de dos partes; cada una de las partes vale una negra. Si toma-

mos como referencia la nota ○ y le asignamos el valor de uno, la nota negra ♩ (si recordamos las equivalencias entre las notas; *véase* pág. 45) tendrá un valor de cuatro. Veamos otro ejemplo:

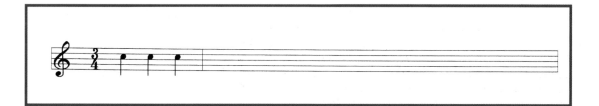

En este caso tenemos un compás de tres partes, cada una de las cuales es una nota negra, de valor cuatro. Así, tenemos un compás de 3/4

(se lee «tres por cuatro»): un compás de tres partes, cada una con el valor de una negra. Veamos un último ejemplo:

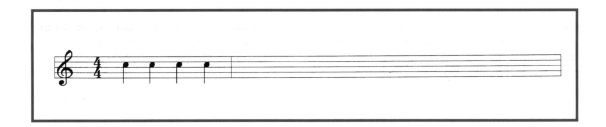

En este otro caso tenemos un compás compuesto de cuatro partes, cada una de las cuales es nuevamente una nota negra, de valor cuatro. Tenemos así un compás de 4/4 (se lee «cuatro por cuatro»): un compás de cuatro partes, cada una de valor cuatro.

Pero existen otros tipos de compás. Así, por ejemplo, tenemos el compás de 2/2. Según lo que hemos venido explicando, este tipo de compás se

compondría de dos partes, cada una de las cuales de valor dos; dicho de otro modo, esas dos partes equivalen a dos notas blancas.

Las notas que forman un compás musical no tienen por qué coincidir en su duración con las partes del mismo. En el siguiente ejemplo, cada compás se compone de cuatro partes, cada una de las cuales tiene un valor de cuatro, es decir, equivalente a una negra:

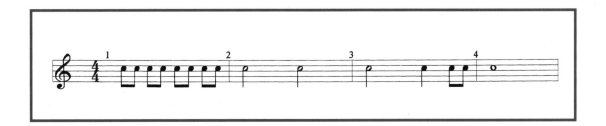

Decimos que las cuatro partes de cada compás equivalen a una negra y, sin embargo, en el primer compás encontramos ocho corcheas; en el segundo, dos blancas; en el tercero, una blanca, una negra y dos corcheas, y en el último compás, una redonda. Si recordamos las equivalencias entre las notas, que establecimos en la página 42, veremos que la relación matemática entre las mismas hace equivalentes cada uno de estos cuatro compases. Dicho de otra manera: dos corcheas equivalen a una negra, es decir, ocho corcheas son como cuatro negras (compás 1); cada blanca equivale a dos negras (compás 2); una blanca, que equivale a dos negras, más una negra, más dos corcheas, suman cuatro negras (compás 3); por último, una redonda equivale a cuatro negras (compás 4).

Del mismo modo, un compás 2/4 contiene dos negras o su equivalente en cualquier combinación, siempre que el resultado equivalga a dos negras; un compás de 3/4 contiene tres negras o el equivalente; un compás de 1/4 contiene una negra, etc.

Cuando cada parte del compás puede ser dividida en mitades, cuartos y múltiplos de dos, se habla de **compases de subdivisión binaria.** Cuando cada parte tiene el valor de una nota con puntillo y es divisible en tercios, sextos, etc., se trata de **compases de subdivisión ternaria.** En éstos, el dígito inferior del símbolo de compás señala las divisiones de las partes, de forma que en tiempo 6/8 el valor total del compás es igual a seis corcheas. Puede verse con facilidad en la siguiente figura:

En el cuadro de la página siguiente aparecen los símbolos de compás más frecuentes, junto con su valor en notas para cada compás completo. Los compases que pueden dividirse en dos, tres o cuatro partes iguales son denominados de dos, tres o cuatro tiempos, respectivamente.

TIPOS DE COMPÁS				
tiempos simples			tiempos compuestos	
	símbolo de compás	valor de un compás	símbolo de compás	valor de un compás
doble	2 2	𝅗𝅥 + 𝅗𝅥	6 4	𝅗𝅥. + 𝅗𝅥.
	2 4	♩ + ♩	6 8	♩. + ♩.
	2 8	♪ + ♪	6 16	♪. + ♪.
triple	3 2	𝅗𝅥 + 𝅗𝅥 + 𝅗𝅥	9 4	𝅗𝅥. + 𝅗𝅥. + 𝅗𝅥.
	3 4	♩ + ♩ + ♩	9 8	♩. + ♩. + ♩.
	3 8	♪ + ♪ + ♪	9 16	♪. + ♪. + ♪.
cuádruple	4 2	𝅗𝅥 + 𝅗𝅥 + 𝅗𝅥 + 𝅗𝅥	12 4	𝅗𝅥. + 𝅗𝅥. + 𝅗𝅥. + 𝅗𝅥.
	4 4	♩ + ♩ + ♩ + ♩	12 8	♩. + ♩. + ♩. + ♩.
	4 8	♪ + ♪ + ♪ + ♪	12 16	♪. + ♪. + ♪. + ♪.

También podemos encontrar compases mixtos como, por ejemplo, el compás 5/4. Veamos un caso sobre el pentagrama.

Para comprender la estructura de este compás, podemos descomponerlo imaginariamente en dos compases, como 3/4 + 2/4 o 2/4 + 3/4.

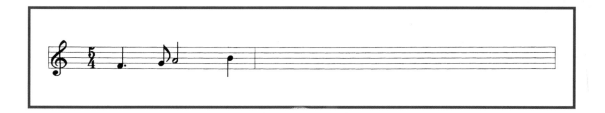

Si dividiéramos el compás por una línea imaginaria, las notas fa y sol formarían un compás de 2/4. Si una negra con puntillo equivale a una negra más una corchea, entonces una negra con puntillo más una corchea equivalen a dos negras (la suma sería así: negra más corchea más corchea igual a negra más negra, igual a dos negras). La segunda mitad del compás equivaldría a un compás de tres por cuatro (3/4). En esta segunda mitad nos encontramos con una blanca y una nota negra (la y si). Si la blanca equivale a dos negras, tenemos que una blanca más una negra es igual a tres negras (la suma es así: una blanca más una negra es igual a dos negras más una negra, igual a tres negras).

De la misma manera, un símbolo de 7/4 puede ser visto como 4/4 + 3/4 o 3/4 + 4/4.

A continuación, vamos a proponer una serie de ejercicios a partir de lo aprendido sobre compases.

Ejercicio de compás de dos por cuatro

Como puede observarse, debemos acentuar la primera nota de cada compás.

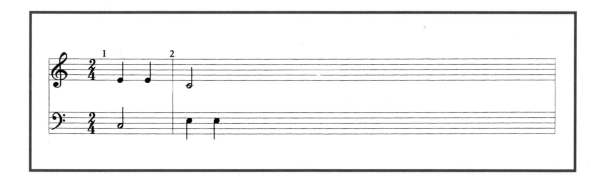

La digitación es la siguiente:

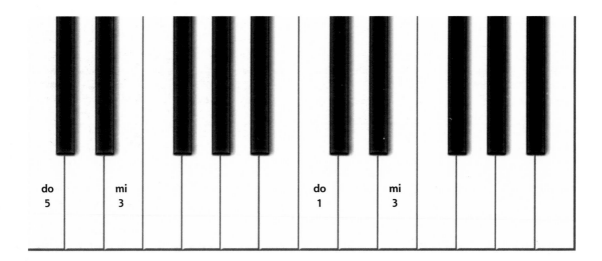

El orden de la interpretación queda así:

• Primer compás, mano derecha: 3, 3; mano izquierda: 5.

• Segundo compás, mano derecha: 1; mano izquierda: 3, 3.

Debemos tocar manteniendo el mismo **tempo.** *Tempo* es una palabra latina que significa tiempo. En el lenguaje musical alude, a grandes rasgos, a la necesidad de mantener una forma constante de tocar, sin dudas ni vacilaciones, sin parones innecesarios en la interpretación, etc. El tempo es, entonces, fundamental para mantener el ritmo de forma adecuada. Para conservar dicho tempo conviene que nos aprendamos bien las notas que deben interpretarse, para no tener que buscarlas en la partitura y poder ejecutar ésta de forma automática.

Ejercicio de compás de tres por cuatro
Este tiempo es el característico de ciertas composiciones como los valses.

Nótese que, con la mano izquierda, debemos interpretar notas blancas con puntillo. Cada una de ellas equivale a todo el compás, es decir, a las tres negras que interpretamos con la mano derecha.

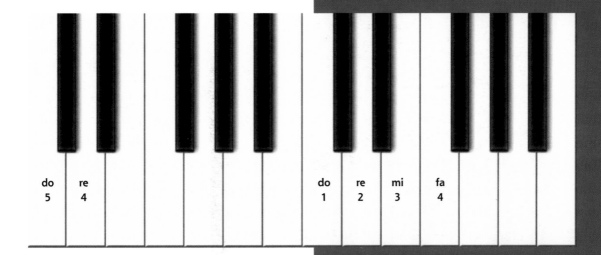

La digitación queda finalmente así:

• Primer compás, mano derecha: 3, 2, 1; mano izquierda: 5.

• Segundo compás, mano derecha: 4, 3, 2; mano izquierda: 4.

Ejercicio de compás de tres por cuatro

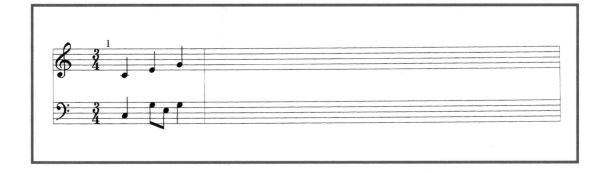

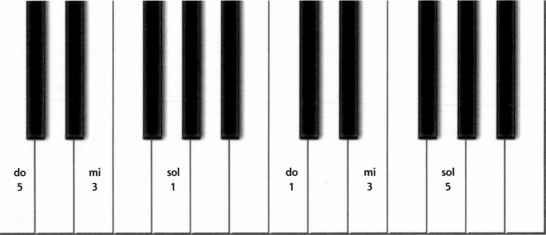

El orden de la ejecución queda así:

- mano derecha: 1, 3, 5;

- mano izquierda: 5, 1, 3, 1.

Hasta ahora hemos mantenido los dedos en el teclado de acuerdo con lo que se conoce como la tonalidad de do mayor. Sin embargo, existen más tonalidades. Las **tonalidades,** como veremos al explicar las escalas mayores y menores, equivalen a la idea de imaginar una octava que empieza no por do, sino por otra nota. Así, podemos tener escalas de sol, de la, de mi, etc.

¿Qué significa la expresión escala de sol? Por dicha expresión deberíamos entender una escala cuya primera nota sería sol y a la que seguirían otras siete notas. Más tarde examinaremos qué notas componen las diversas escalas, pues a partir de la escala de do mayor, que es sobre la que hemos trabajado hasta ahora, surgen los semitonos, es decir, esas notas que deben interpretarse con las teclas negras. Vamos a ver un ejemplo a partir de la tonalidad de re mayor. Dentro de la escala de re mayor (existen escalas mayores y menores), las notas fa y do deben ser fa sostenido y do sostenido. Más adelante veremos las reglas que determinan, en las diversas escalas, las apariciones de los semitonos.

Para interpretar el siguiente ejercicio vamos a cambiar la colocación de los dedos con respecto a la tonalidad de do mayor, en la que hemos trabajado hasta ahora. La nueva posición de los dedos tomará como referencia la nota re como la primera de la tonalidad de re. Las manos se posarán así sobre el teclado:

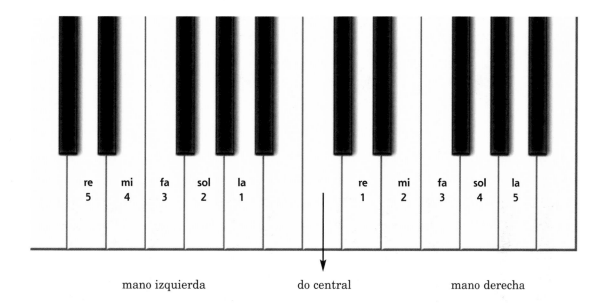

mano izquierda   do central   mano derecha

No perdamos de vista la posición del do central para orientarnos a la hora de situar los dedos.

Ejercicio de compás de dos por cuatro en tono de re mayor:

Las **notas alteradas,** es decir, las notas sostenidas, se indican mediante el signo de sostenido inserto en el pentagrama antes de la signatura del tiempo. De este modo se evita tener que colocar, delante de cada nota do y fa, el signo de sostenido en el pentagrama. Obsérvese que los signos de sostenido están colocados sobre las líneas y los espacios donde se escriben las notas fa y do.

La digitación para este ejercicio queda así:

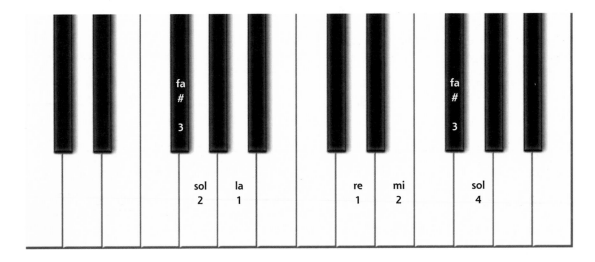

El orden de la digitación será:

• Primer compás, mano derecha: 1, 2, 3, 4; mano izquierda, 3, 1.

• Segundo compás, mano derecha: 4, 2, 2; mano izquierda: 2, 1.

A continuación, vamos a ensayar otro ejercicio de compás, esta vez en tiempo de tres por cuatro y en otra tonalidad. Vamos a situar los dedos en la posición adecuada para la tonalidad de la mayor. De forma análoga al caso anterior, tomaremos como punto de partida la tecla correspondiente a la nota la. Veámoslo en el siguiente gráfico:

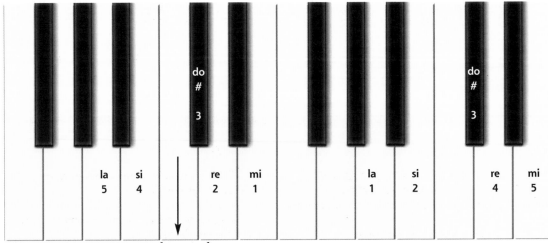

do central

Observamos que la mano izquierda salta sobre el do central y se sitúa entre lo que hemos venido considerando la segunda y la tercera octavas. La mano derecha, a su vez, se sitúa entre la tercera y la cuarta octavas. Una y otra mano toman como punto de partida la nota la. Observaremos también que uno de los dedos está colocado sobre una tecla negra. En esta tonalidad existen, como parte de la escala de la mayor, además del do sostenido, el fa sostenido y el sol sostenido.

Para poder colocar bien los dedos es conveniente que el 2 y el 4 de cada mano no se sitúen en el borde de la tecla, sino cerca del inicio de las teclas negras, aunque sin rozarlas. De esta manera se facilita la tarea al dedo 3, que debe posarse sobre la tecla negra. Ahora ya podemos iniciar el siguiente ejercicio.

Ejercicio de compás de tres por cuatro en tonalidad de la mayor

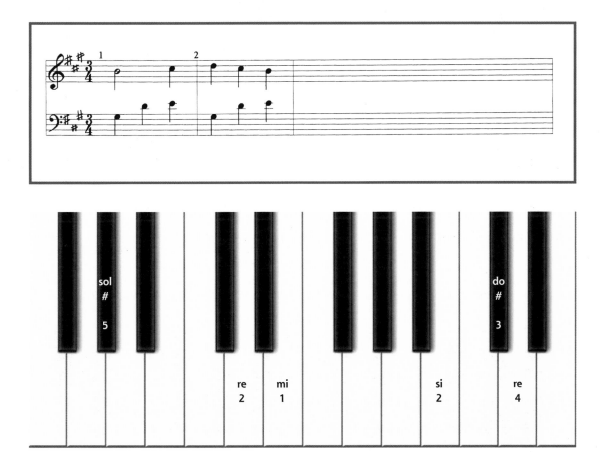

Téngase en cuenta que los sonidos sostenidos de este ejercicio serán el sol sostenido, en la mano izquierda, y el do sostenido, en la derecha.

El orden de la ejecución queda así:

• Primer compás, mano derecha: 2, 3; mano izquierda: 5, 2, 1.

• Segundo compás, mano derecha: 4, 3, 2; mano izquierda: 5, 2, 1.

7

mayores y menores

Hemos hablado ya de las tonalidades y hemos visto algunas de ellas al ensayar diversas posiciones para los dedos sobre el teclado. Hablar de tonalidades conlleva hacerlo de **escalas.** Las escalas se componen de una sucesión de notas (ocho notas, como la octava) agrupadas según un esquema basado en la sucesión de tonos y semitonos. Esta clase de escala, cuyas notas están separadas por tonos y semitonos, se conoce como **escala diatónica.**

Existen dos tipos de escala diatónica: la escala mayor y la escala menor. Cada una de estas escalas se compone de una **nota tónica,** que es la más grave de la secuencia, y de una serie de notas que suceden a la tónica hasta completar la escala.

¿Cuántas escalas existen? Tantas como notas tónicas tomemos como punto de partida. Hasta ahora, hemos visto una escala completa, la de do mayor, compuesta por la sucesión de notas do, re, mi, fa, sol, la, si, do. Pero podemos construir otra escala distinta si tomamos como punto de partida, por ejemplo, la nota re. Esta escala estaría compuesta por la sucesión de notas de la octava, es decir, por las notas que siguen a re hasta acabar en el siguiente re, en el re de una octava superior. Esta escala sería así: re, mi, fa, sol, la, si, do, re. Aunque, en realidad, la escala de re (escala de re mayor, porque también existe la escala de re menor) incluye algunas alteraciones a las que no hemos hecho referencia. Y es que la escala no es únicamente la sucesión de las notas de la octava, sino que la escala es una determinada sucesión de notas que se ajustan a un esquema; este último determina la distancia en tonos y semitonos que debe existir entre la primera y la segunda nota de la escala, entre la segunda y la tercera nota, entre la tercera y la cuarta, y así sucesivamente. Como puede deducirse de esto, para crear

una escala lo importante es que tengamos en cuenta no sólo las notas que componen una octava (do, re, mi, fa, sol, la, si y do), sino también la distancia en tonos y semitonos entre las diversas posiciones que componen la escala, que son siete.

Veámoslo con la escala que ya conocemos, la escala de do mayor:

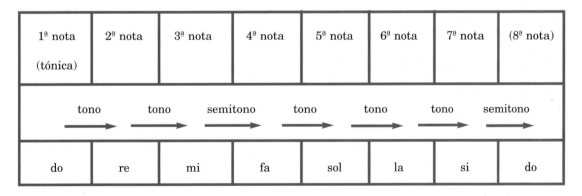

1ª nota (tónica)	2ª nota	3ª nota	4ª nota	5ª nota	6ª nota	7ª nota	(8ª nota)
tono →	tono →	semitono →	tono →	tono →	tono →	semitono →	
do	re	mi	fa	sol	la	si	do

Así, entre la primera y la segunda nota de una escala mayor existe un tono; entre la segunda y la tercera, un tono; entre la tercera y la cuarta, un semitono; entre la cuarta y la quinta, un tono; entre la quinta y la sexta, un tono; entre la sexta y la séptima, un tono, y entre la séptima y la octava, un semitono. (Recuérdese que las octavas se llaman así porque las siete naturales se completan con la primera nota de la siguiente octava, y que una escala también se completa con la nota que repite la nota tónica desde la que se parte.)

Después de estudiar la escala de do mayor, prestemos atención a la sucesión de tonos y de semitonos que existe en una escala mayor y que resumimos en esta fórmula:

La T significa un tono, mientras que T/2 significa medio tono. Éste es el «esqueleto» de una escala mayor, la estructura sobre la que se pueden formar otras escalas. Así, si tomamos como nota tónica otra nota distinta a do y seguimos la relación de tonos y semitonos, obtendremos otra escala mayor. Pero antes de estudiar la formación de otras escalas, atendamos al teclado para poder comprobar que la escala mayor cumple la relación adecuada:

T, T, T/2, T, T, T, T/2.

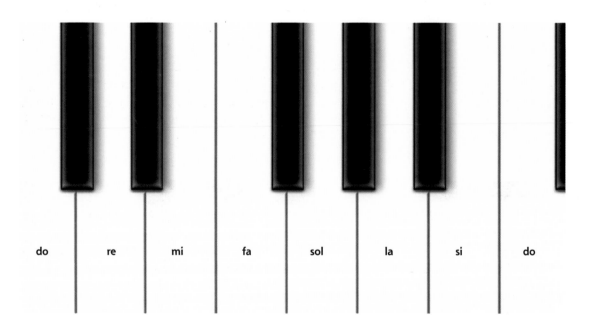

Si tenemos en cuenta, como decíamos unas páginas atrás, que las teclas blancas que no se encuentran separadas por una tecla negra están a medio tono de distancia, podemos comprobar cómo se cumple la escala de do. En efecto, la nota mi está a medio tono de fa, y la nota si, a medio tono de do; es decir, las notas tercera y cuarta están separadas por un semitono (T/2), y las notas séptima y octava, también por un semitono (T/2).

En el pentagrama, la escala de do mayor queda representada de esta manera:

La presencia de los semitonos divide la escala mayor en dos partes llamadas **tetracordios,** porque se componen de cuatro posiciones *(tetra, en griego, significa cuatro):*

1ª nota	2ª nota	3ª nota	4ª nota	5ª nota	6ª nota	7ª nota	8ª nota
primer tetracordio				segundo tetracordio			

T   T   semitono   T   T   T   semitono

Así pues, los tetracordios están separados por un tono (T).

A continuación, y antes de ver otras escalas mayores, vamos a ejecutar la escala de do. Para empezar usaremos las dos manos. Más adelante ensayaremos la escala con una sola mano. Usando las dos manos, cada una de ellas interpretará un tetracordio.

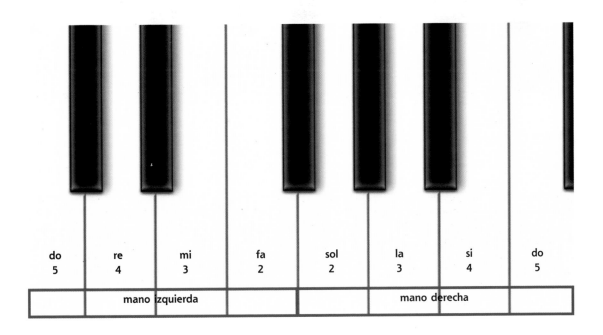

do 5	re 4	mi 3	fa 2	sol 2	la 3	si 4	do 5
mano izquierda				mano derecha			

También podemos interpretar esta escala en sentido inverso:
- Mano derecha: 5, 4, 3, 2.
- Mano izquierda: 2, 3, 4, 5.

Una vez estudiada la escala de do mayor, intentaremos construir otras escalas mayores. Para ello, recordamos, sólo es necesario tomar una nueva nota tónica y, a partir de ella, aplicar el esquema que hemos aprendido para las escalas mayores. Lo único que tendremos que hacer es respetar la serie ordenada de los intervalos, de los tonos y de los semitonos.

Vamos a crear la escala de sol mayor. Tomamos, por tanto, como nota tónica la nota sol. La escala abarcará del sol de una octava al sol de la siguiente octava:

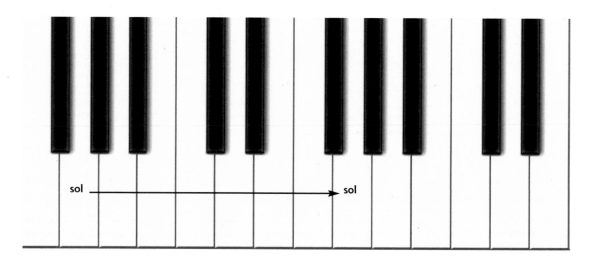

Vamos a crear esta escala por pasos:

a) El primer intervalo de la escala mayor (entre la primera nota y la segunda) es de un tono. La segunda nota de la escala de sol mayor estará, entonces, a un tono de la nota tónica, a un tono de sol. Esta segunda nota será, en ese momento, la.

b) El segundo intervalo (entre la segunda nota y la tercera) es de un tono. Así, la tercera nota será si (la nota si está un tono por encima de la nota la).

c) El tercer intervalo (entre la tercera nota y la cuarta) es de un semitono. Así, la cuarta nota será do (la nota do está a un semitono de la nota si). Recuérdese que, en el teclado, no hay tecla negra entre las teclas blancas con las que se tocan si y do.

d) El cuarto intervalo (entre las notas cuarta y quinta) es de un tono. La quinta nota será, pues, re (la nota re está a un tono de do, como podemos comprobar sobre el teclado; entre do y re existe una tecla negra).

e) El quinto intervalo (entre la quinta y la sexta nota) es de un tono. Así, la sexta nota será mi (la nota mi está a un tono de re).

f) El sexto intervalo (entre las notas sexta y séptima) es de un tono. La nota que está a un tono por encima de mi es fa sostenido. He aquí como, en las escalas mayores, aparecen las llamadas **alteraciones,** sonidos sostenidos o bemoles que surgen como aplicación de las reglas de formación de la escala mayor. Veamos, sobre el teclado, dónde se sitúa este fa sostenido:

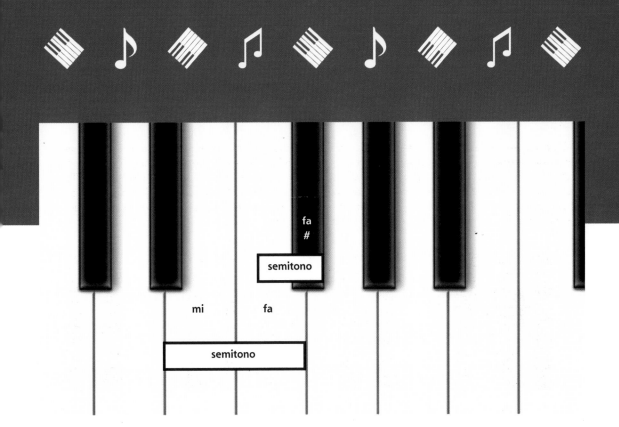

Entre mi y fa existe un semitono; entre fa y fa sostenido, un semitono. Luego si T/2 más T/2 es igual a T, la nota resultante deberá ser fa sostenido.

g) Por último tenemos el séptimo intervalo, entre la séptima y la octava nota, que es de medio tono. Así, la octava nota que cierra la escala ha de ser sol; y efectivamente, la nota sol, si observamos de nuevo el teclado, está a medio tono de fa sostenido.

De esta forma hemos completado la escala de sol mayor, que queda así escrita sobre el pentagrama.

Los sostenidos y los bemoles que forman parte de la escala no se recogen, como en este caso, junto a la nota alterada (la nota fa), sino junto a la clave de sol. De este modo se señala que todas las notas fa, salvo indicación contraria, se interpretarán como fa sostenido.

Podemos ensayar esta nueva escala sobre el teclado. Otra vez, lo haremos con las dos manos. Para ello, colocaremos las manos sobre el teclado de modo que el dedo 5 de la mano izquierda se pose sobre la tecla sol de la segunda octava, y el dedo 5 de la mano derecha, sobre la tecla re de la tercera octava:

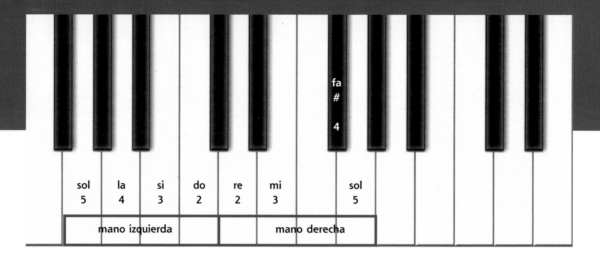

Empezaremos con la mano izquierda desde sol y acabaremos con la derecha nuevamente en sol. Debe tenerse en cuenta una buena colocación de los dedos para favorecer que el dedo 4 de la mano derecha pueda tocar con facilidad. Se procurará que los dedos de la mano derecha no permanezcan sobre el borde de la tecla, sino que se posen cerca de las teclas negras.

También podemos intentar este ejercicio interpretando la escala de sol mayor en el modo descendente:

- Mano derecha: 5, 4, 3, 2.
- Mano izquierda: 2, 3, 4, 5.

A partir de ahora, cuando formemos otras escalas mayores observaremos cómo, al aplicar las leyes de la sucesión de intervalos de tonos y semitonos, aparecerán otros sonidos alterados, sostenidos y bemoles, en otras notas. De hecho, la presencia de estos sostenidos y bemoles es lo que caracteriza las diferentes escalas: son los accidentes que se deben tener en cuenta y que aparecen señalados convenientemente en el pentagrama. El número de sonidos alterados, sostenidos y bemoles, determina lo que se conoce como «la armadura» de la escala. La **armadura** no es sino la sucesión de notas de cada escala, resultado de aplicar las reglas de formación de las escalas mayo-

res. En el pentagrama, la armadura se señala en el inicio de las barras, justo al lado del signo de clave y del signo de tiempo (dos por cuatro, tres por cuatro, etc.). Los sostenidos y los bemoles se anotan allí, al lado de cada nota, para no tener que repetirlos a lo largo de los compases de la pieza. Debemos fijarnos sobre qué espacio o línea están colocados, para saber qué nota se verá afectada, pues todas las que se hallen en esos espacios o líneas se verán alteradas y deberán interpretarse como bemoles o sostenidos.

Podemos obtener 15 tipos de armaduras, diferenciados por la presencia o la ausencia de sonidos alterados, sostenidos y bemoles:

a) La armadura vacía, sin sostenidos ni bemoles.

b) Siete armaduras que posean uno, dos, tres, cuatro, cinco, seis o siete bemoles.

c) Siete armaduras que posean uno, dos, tres, cuatro, cinco, seis o siete sostenidos.

A continuación, vamos a formar una escala un poco más complicada que las que hemos estudiado hasta ahora. Se trata de la escala de mi mayor. Dicha escala toma, como nota tónica, la nota mi y se extenderá hasta el siguiente mi.

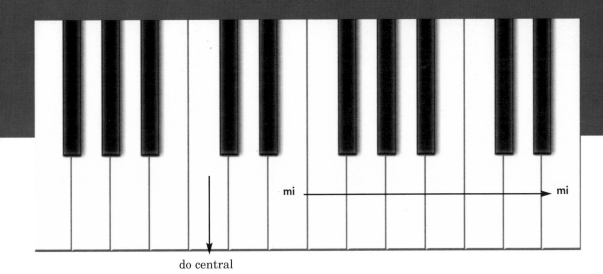

do central

Para formar esta escala, seguiremos un proceso idéntico al usado para construir la escala de sol mayor.

a) El primer intervalo de la escala mayor (entre la primera nota y la segunda) es de un tono. La segunda nota de la escala de mi mayor estará, entonces, a un tono de la nota tónica, a un tono de mi. Esta segunda nota será fa sostenido, pues la nota siguiente a mi, la nota fa, está a un semitono de mi, y fa sostenido, a un semitono de fa (T/2 + T/2 = T).

b) El segundo intervalo (entre la segunda nota y la tercera) es de un tono. Así, la tercera nota será sol sostenido: la nota sol sostenido está un tono por encima de la nota fa sostenido, pues debemos tener en cuenta que la nota siguiente a fa sostenido es sol, y sol está a un semitono, mientras que sol sostenido está a un semitono de la nota sol.

c) El tercer intervalo (entre la tercera nota y la cuarta) es de un semitono. Así, la cuarta nota será la (la nota la está a un semitono de la nota sol sostenido).

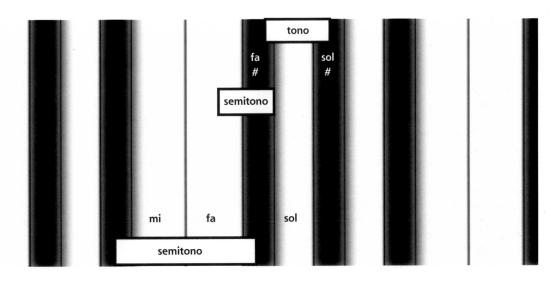

d) El cuarto intervalo (entre la cuarta y la quinta nota) es de un tono. Así, la quinta nota será si (la nota si está a un tono de la, pues, como podemos comprobar sobre el teclado, entre ellas existe una tecla negra).

e) El quinto intervalo (entre la quinta y la sexta nota) es de un tono. De esta manera, la quinta nota será do sostenido (recuérdese que en el teclado no hay tecla negra entre las teclas blancas en las que se toca si y do, por lo que si y do están a un semitono, y do sostenido de do, a otro semitono).

f) El sexto intervalo (entre la sexta y la séptima nota) es de un tono. La nota que está a un tono por encima de do sostenido es re sostenido. Para llegar a re sostenido debemos sumar el semitono que media entre la nota do y la nota re, y el semitono que media entre las notas re y re sostenido.

g) Por último, el séptimo intervalo (entre la séptima y la octava nota) es de medio tono. Así, la octava nota que cierra la escala ha de ser mi y, efectivamente, la nota mi, si observamos de nuevo el teclado, está a medio tono de re sostenido.

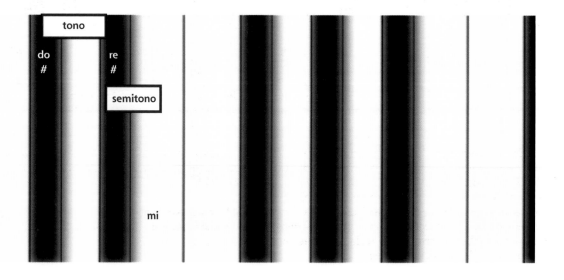

De esta forma, hemos completado la escala de mi mayor, que queda así escrita sobre el pentagrama.

Podemos ensayar esta nueva escala sobre el teclado. Como siempre, en primer lugar lo haremos con las dos manos. Para ello posaremos las manos sobre el teclado de modo que el dedo 5 de la mano izquierda se sitúe sobre la tecla mi de la tercera octava, y el dedo 5 de la mano derecha, sobre la tecla re de la cuarta octava:

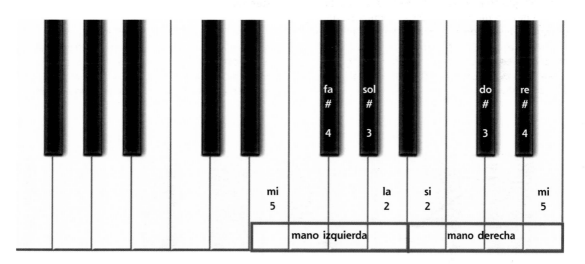

Empezaremos con la mano izquierda desde mi y acabaremos con la derecha nuevamente en mi. Debe tenerse en cuenta una buena colocación de los dedos para favorecer que el 4 y el 3 de cada mano puedan tocar con facilidad. Se procurará que los dedos de ambas manos permanezcan no sobre el borde de la tecla, sino que se posen cerca de las teclas negras.

Podemos intentar este ejercicio, de nuevo, interpretando la escala de mi mayor en el modo descendente:

- Mano derecha: 5, 4, 3, 2.
- Mano izquierda: 2, 3, 4, 5.

A continuación, vamos a detallar todas las escalas mayores con una digitación recomendada a dos manos; de esta forma podrán entenderse mejor las diversas tonalidades.

Escala de do mayor:

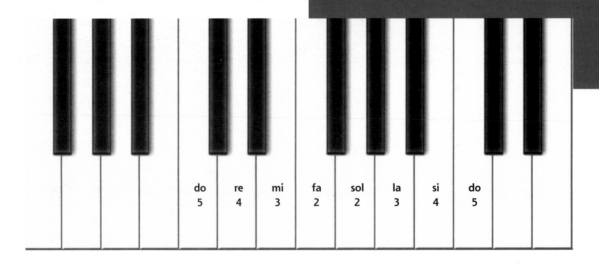

Escala de re mayor:

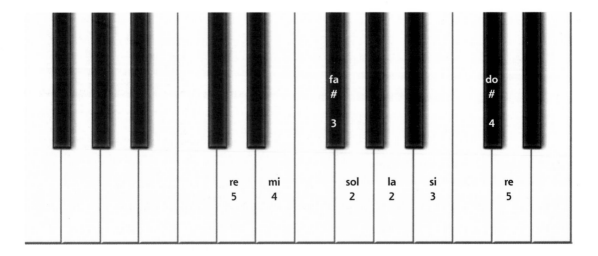

Escala de mi mayor:

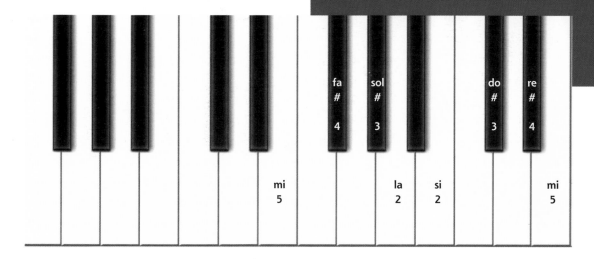

Escala de fa mayor:

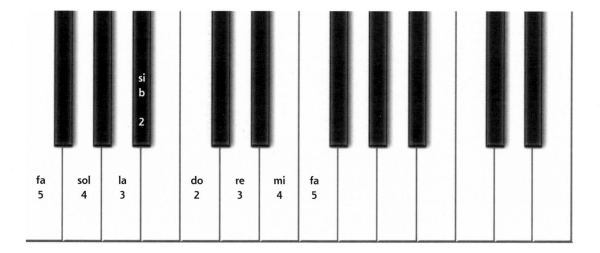

Escala de sol mayor:

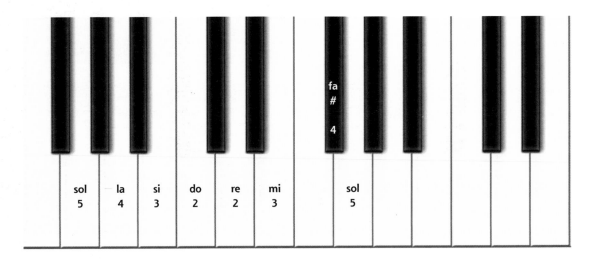

Escala de la mayor:

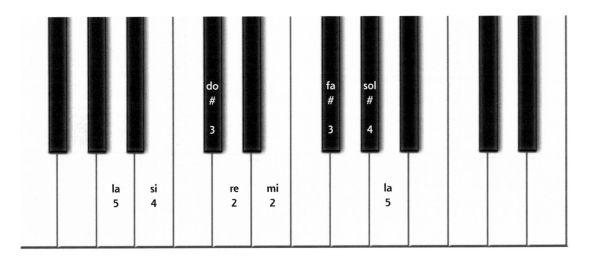

Escala de si mayor:

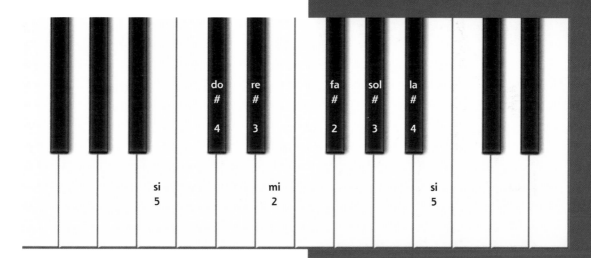

Seguidamente, detallamos las escalas cuya nota tónica es un semitono.

Escala de re bemol:

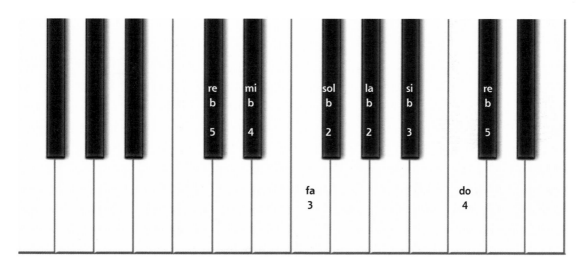

Escala de mi bemol mayor:

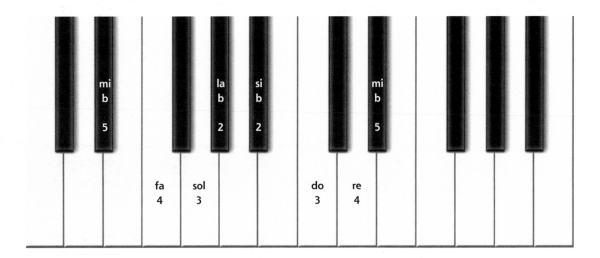

Escala de sol bemol mayor:

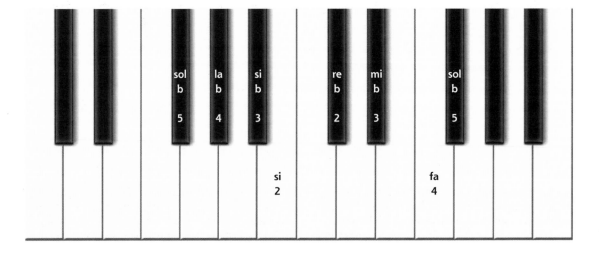

Escala de la bemol mayor:

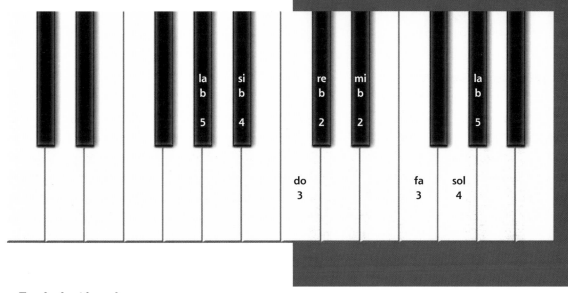

Escala de si bemol:

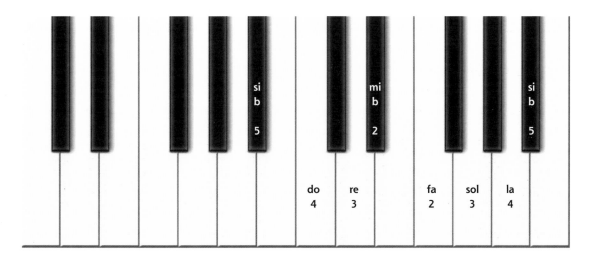

Las escalas de re, mi, sol, la y si bemol son equivalentes a las escalas de re, mi, sol, la y si sostenido, como veremos a continuación. Pero, atención: la notación musical cambia ligeramente, sobre todo en la armadura de las escalas en el pentagrama, donde veremos aparecer sostenidos o bemoles, según la escala mayor se base en notas tónicas sostenidas o en bemoles, respectivamente.

Escala de do sostenido mayor:

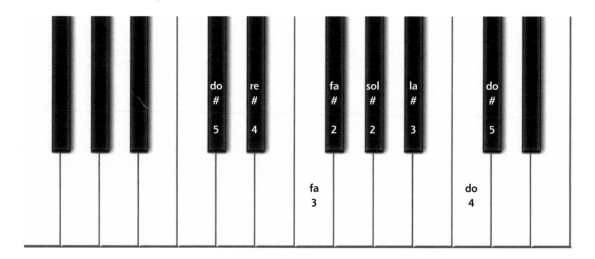

Escala de re sostenido mayor:

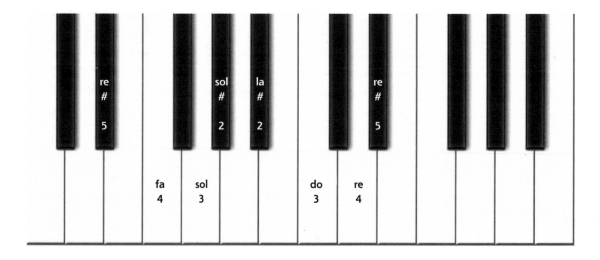

Escala de fa sostenido mayor:

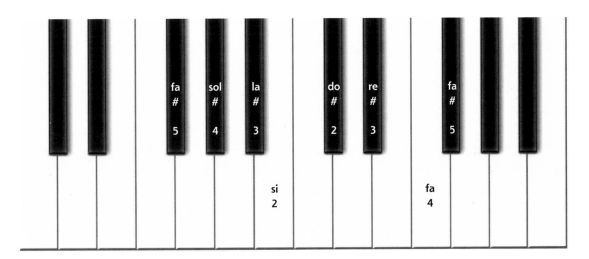

Escala de sol sostenido mayor:

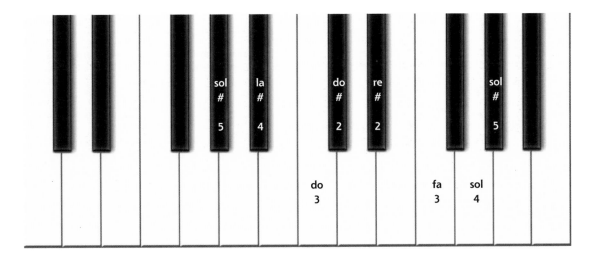

Escala de la sostenido mayor:

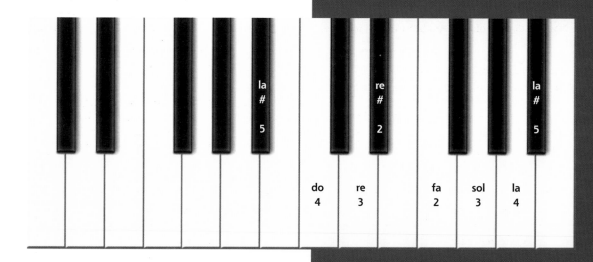

Emparejadas con las escalas mayores existen las escalas menores. Hay varias clases de escalas menores. Vamos a examinar, en primer lugar, la **escala menor armónica,** cuyo esquema, o sucesión de tonos y de semitonos, es el siguiente:

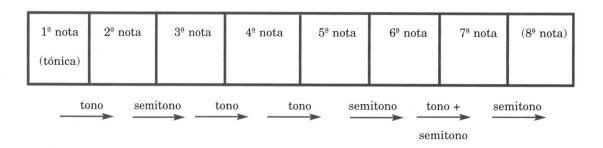

1ª nota (tónica)	2ª nota	3ª nota	4ª nota	5ª nota	6ª nota	7ª nota	(8ª nota)

Vemos como particularidad que la escala menor tiene, entre la sexta y la séptima nota, un intervalo de un tono y medio. A continuación analizaremos un ejemplo de escala menor armónica: la escala en la menor. La forma de construirla ha de consistir en seguir la sucesión de tonos y de semitonos que se marcan en el cuadro anterior, tomando como punto de partida la nota la.

a) El intervalo entre la nota tónica la y la siguiente nota (entre la primera y la segunda nota de la escala) es de un tono, luego la segunda nota será si.

b) El intervalo entre las notas segunda y tercera de la escala es de un semitono, luego la tercera nota será do.

c) El intervalo entre la tercera nota y la cuarta nota será de un tono, luego la cuarta nota será re.

d) El intervalo entre las notas cuarta y quinta es de un tono, luego la quinta nota será mi.

e) El intervalo entre las notas quinta y sexta es de medio tono, luego la sexta nota será fa.

f) El intervalo entre la sexta nota y la séptima nota será de un tono y medio, es decir, que la séptima nota será sol sostenido, pues entre fa y sol media un tono, y entre sol y sol sostenido, un semitono.

g) La nota que cierra la escala será la nota la de la siguiente octava, pues existe un semitono entre la séptima nota, sol sostenido, y la siguiente.

Existen ciertas correspondencias entre las escalas mayores y las menores, ya que algunas comparten el mismo tipo de armadura. Esas correspondencias son las siguientes:

escalas mayores	escalas menores
do bemol mayor	la bemol menor
sol bemol mayor	mi bemol menor
re bemol mayor	si bemol menor
la bemol mayor	fa menor
mi bemol mayor	do menor
si bemol mayor	sol menor
fa mayor	re menor
do mayor	la menor
sol mayor	mi menor
re mayor	si menor
la mayor	fa sostenido menor
mi mayor	do sostenido menor
si mayor	sol sostenido menor
fa sostenido mayor	re sostenido menor
do sostenido mayor	la sostenido menor

Nota Do en la escala de Do menor, mano izquierda.

A continuación proponemos la práctica de las principales escalas menores, también a dos manos, como hicimos con las escalas mayores. Los números indican los dedos que intervienen para ejecutar cada una de ellas.

Escala de do menor:

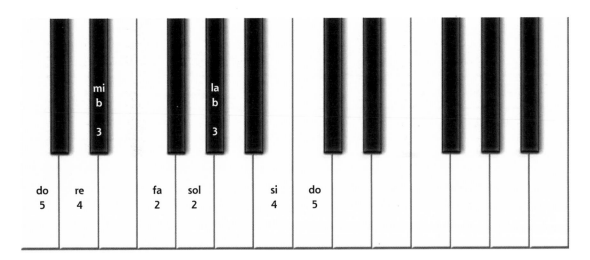

Escala de re menor:

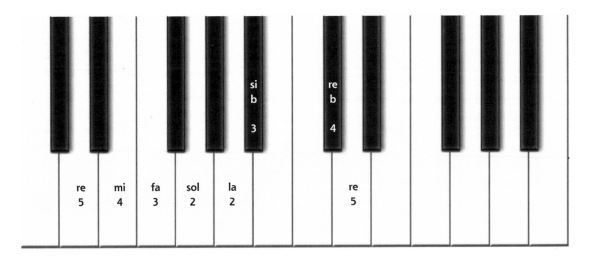

Nota Re en la escala de Do menor, mano izquierda.

Escala de mi menor:

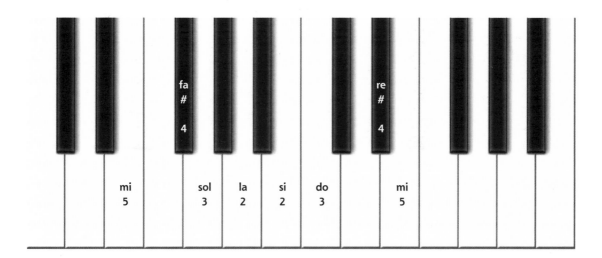

Escala de fa menor:

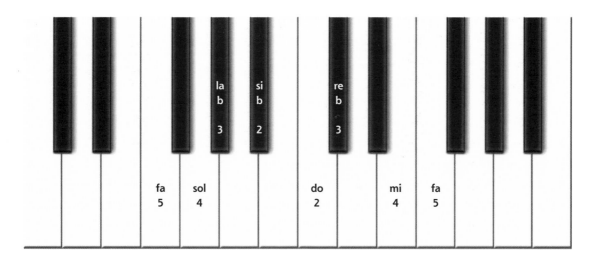

Nota Mi en la escala de Do menor, mano izquierda.

Escala de sol menor:

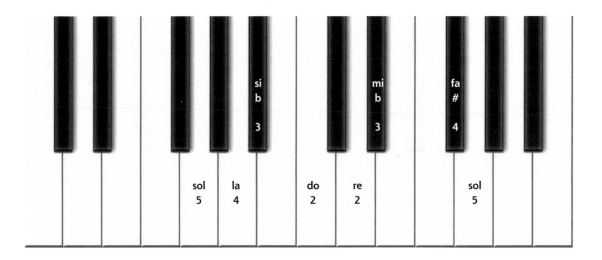

Escala de la menor:

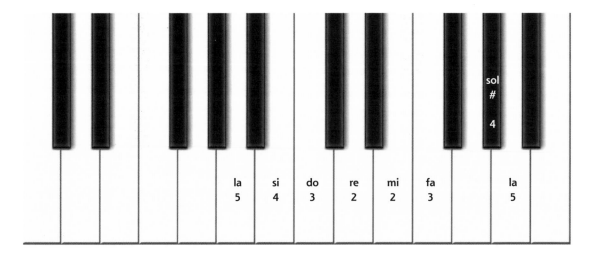

Nota Fa en la escala de Do menor, mano izquierda.

Escala de si menor:

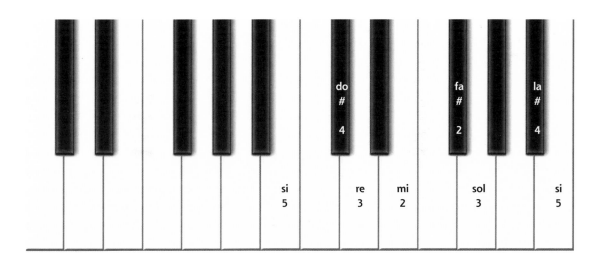

Escala de do sostenido menor:

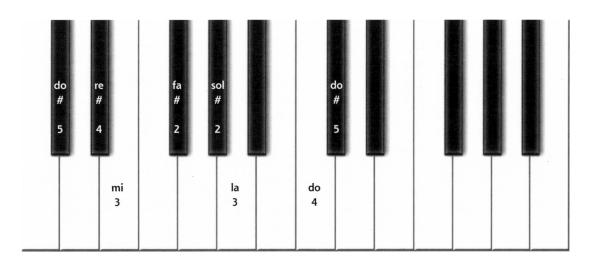

Nota Sol en la escala de Do menor, mano izquierda.

Escala de re sostenido menor:

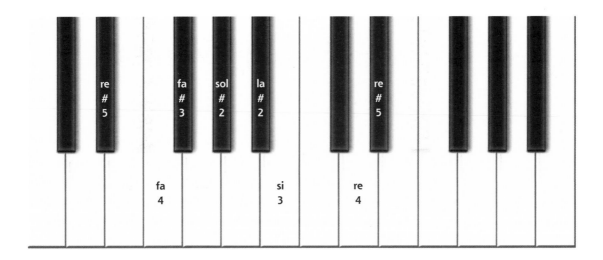

Escala de fa sostenido menor:

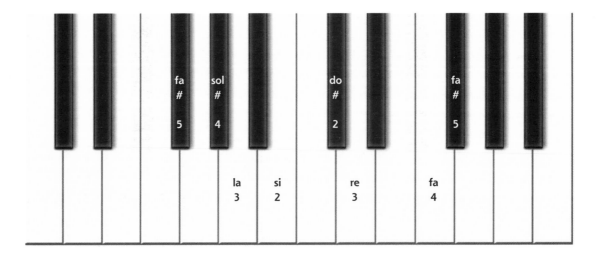

Nota La en la escala de Do menor, mano izquierda.

Escala de sol sostenido menor:

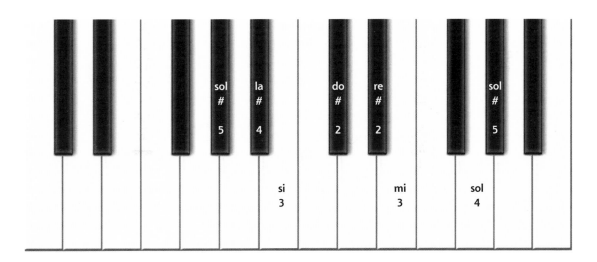

Escala de la sostenido menor:

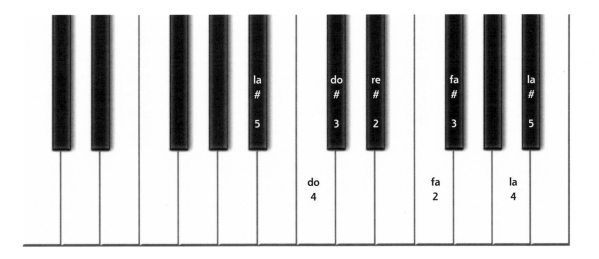

Nota Si en la escala de Do menor, mano izquierda.

Escala de re bemol menor:

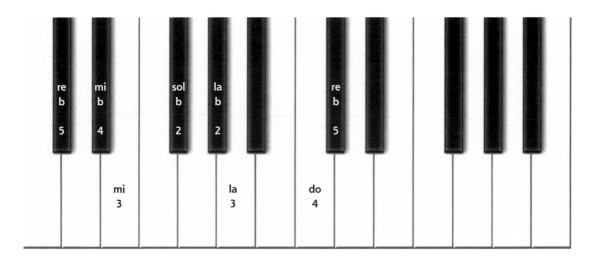

Escala de mi bemol menor:

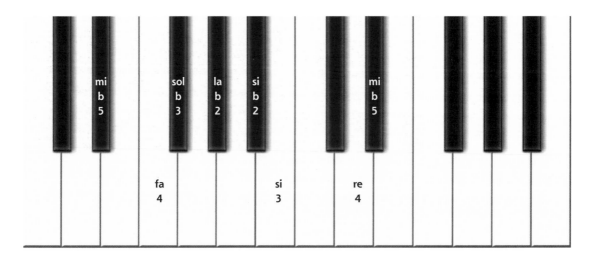

Escala de sol bemol menor:

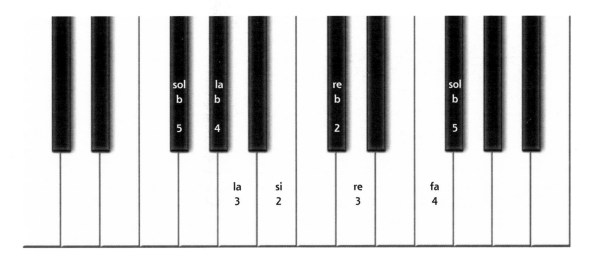

Escala de la bemol menor:

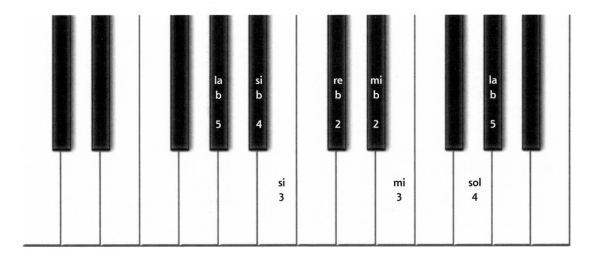

Escala de si bemol menor:

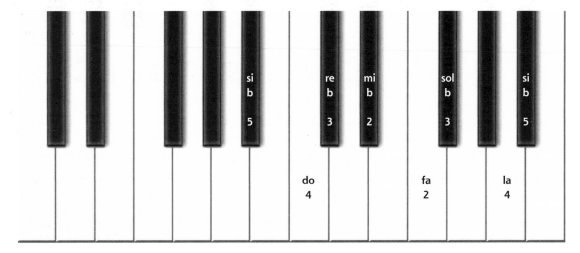

Para cerrar este capítulo dedicado a las escalas, cabe mencionar otra clase de escala menor diferente a la escala menor armónica: la **escala menor natural.**

La escala menor natural se define así:

1ª nota (tónica)	2ª nota	3ª nota	4ª nota	5ª nota	6ª nota	7ª nota	(8ª nota)
	tono	semitono	tono	tono	semitono	tono	tono

Si aplicamos esta serie a una escala que se inicie con la nota tónica la, obtendríamos la siguiente escala:

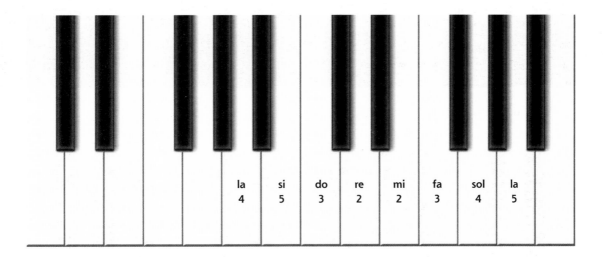

Podemos comprobar, después de seguir el esquema que marca la fórmula de la escala menor natural, que la escala en la menor natural no ofrece ningún sonido alterado, es decir, ningún bemol ni sostenido. De esta manera, la escala en la menor natural puede emparejarse con la escala en do mayor, pues ambas poseen una armadura cero (es decir, en el pentagrama no aparece ningún signo de sonidos alterados).

Las escalas mayores y las escalas menores armónica y natural pueden ejecutarse tanto de forma ascendente como descendente sin que varíe ninguna de sus notas; sin embargo, existe aún otra clase más de escala menor que se caracteriza, frente a las anteriores, precisamente porque se interpretan diferentes notas según se ejecute de forma ascendente o descendente. Nos referimos a **escala menor melódica.**

La escala menor melódica es asimétrica en este aspecto y, por tanto, presenta dos formulaciones.

En sentido ascendente, la escala menor melódica debe ajustarse a este esquema para cualquier nota que se tome como tónica:

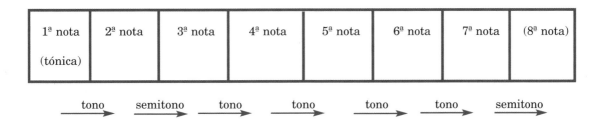

Así, si tomamos la nota la tendremos la siguiente escala menor melódica en sentido ascendente:

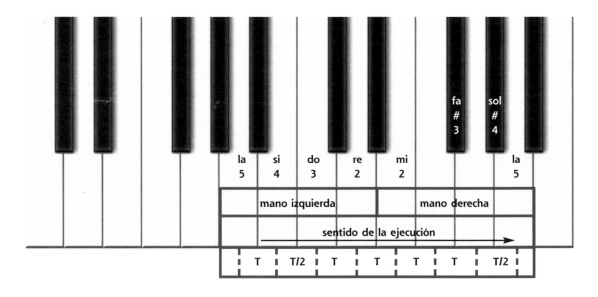

Obsérvese la aparición de dos sostenidos, pues tras la nota mi, el intervalo debe ser de un tono entero, por lo que el resultado no es fa, que está a medio tono de mi, sino fa sostenido, que está a medio tono de fa y a un tono de mi. Y como el intervalo siguiente es de un tono, la

nota resultante debe ser sol sostenido, pues la nota sol está a un semitono de fa sostenido, y la nota sol sostenido, a un semitono de la nota sol.

En su sentido descendente, el esquema de la escala menor melódica cambia, como hemos advertido anteriormente. El esquema queda así:

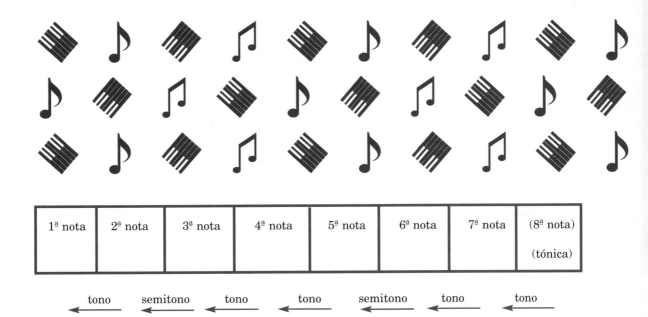

1ª nota	2ª nota	3ª nota	4ª nota	5ª nota	6ª nota	7ª nota	(8ª nota) (tónica)

$\longleftarrow$ tono $\quad$ $\longleftarrow$ semitono $\quad$ $\longleftarrow$ tono $\quad$ $\longleftarrow$ tono $\quad$ $\longleftarrow$ semitono $\quad$ $\longleftarrow$ tono $\quad$ $\longleftarrow$ tono

Si tomamos otra vez como referencia la nota la, la escala en la menor melódica descendente se interpretaría así:

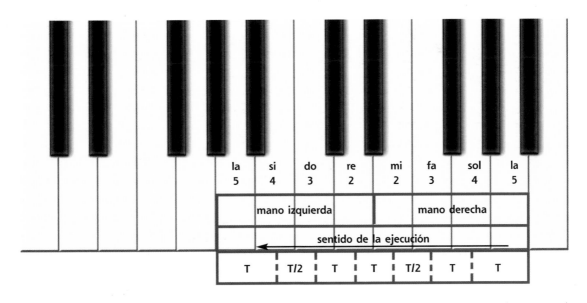

Esta vez, al aplicar la fórmula de la escala observamos que, en su sentido descendente, no aparece ningún sonido alterado, pues la nota sol está a un tono de la en sentido descendente; la nota fa, a un tono de sol, y la nota mi, a un semitono de fa.

8

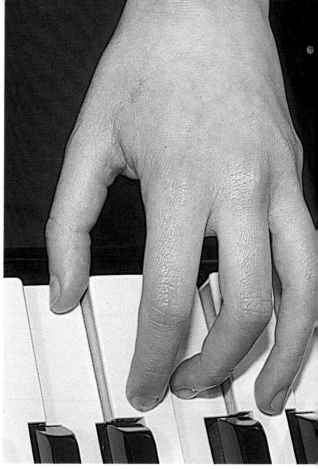

LAS ESCALAS A UNA SOLA MANO:

el paso del pulgar y del dedo medio

Hasta ahora hemos usado las dos manos para tocar las escalas. Ya las conocemos lo suficiente y estamos familiarizados con las tonalidades. Pero, para poder mejorar nuestra agilidad, vamos a practicar algunas de esas escalas (recomendamos que el alumno las practique todas) con una sola mano. Un primer y evidente problema surge al disponerse a tocar las ocho notas con una sola mano: la posición de los dedos. Así, deberemos desplazar la mano para cubrir las siete notas. En esta operación resulta

fundamental el movimiento del dedo pulgar y del dedo medio. Estos dedos se convertirán en el eje sobre el que la mano se desplazará para abarcar la escala.

Nos concentraremos, a continuación, en el dedo 1, teniendo en cuenta que deberemos aprender el funcionamiento del paso del pulgar para una y otra mano, pues el ejercicio es diferente.

Empezaremos con la escala de do mayor, que conocemos sobradamente. Dispondremos los dedos de la mano derecha del siguiente modo:

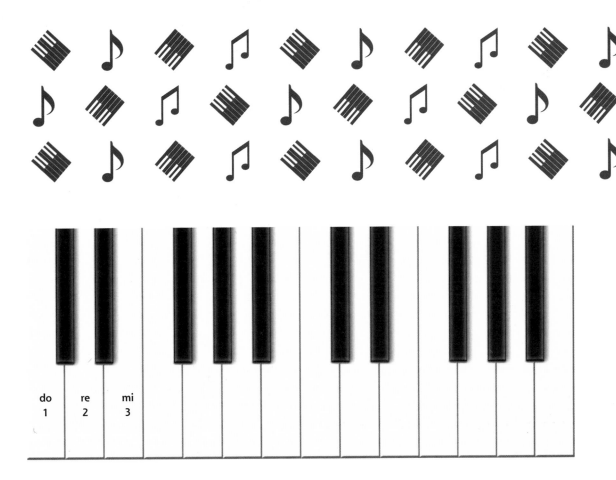

Al empezar la escala, hemos de tener en cuenta que el dedo pulgar debe, una vez que ha pulsado la nota do, estar preparado para desplazarse. Una vez que el dedo medio haya pulsado la tecla correspondiente a la nota mi, el dedo pulgar deberá pasar bajo los dedos 2 y 3 (los dedos índice y medio) para pulsar la tecla correspondiente a la nota fa.

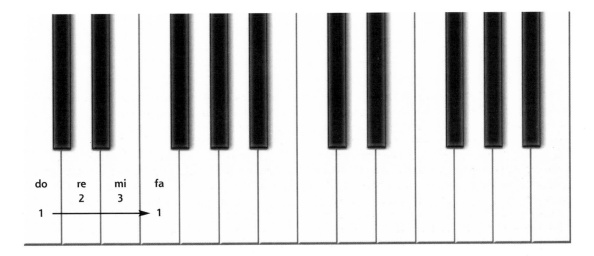

Cuando hayamos pasado el dedo pulgar, los otros dedos deberán estar ya preparados para tocar el resto de la escala:

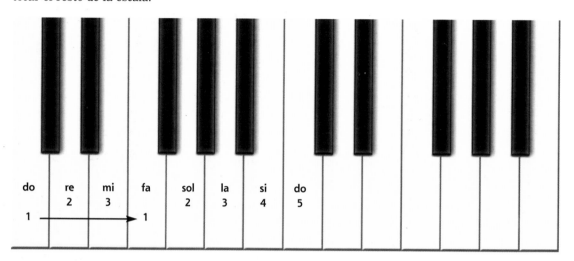

Para poder realizar correctamente el paso del pulgar debemos tener preparados los dedos, de tal forma que el dedo 1 no esté ya sobre la tecla de do cuando estemos presionando la tecla de la nota mi con el dedo 3. En otras palabras, el dedo pulgar debe prepararse en seguida después de haber tocado do para poder pasar y tocar la nota fa. De igual modo, el resto de dedos no se nos pueden «dormir» sobre el teclado. Una vez que el dedo pul-

gar ha pasado, el resto debe estar preparado para completar la escala.

Veamos ahora el paso del dedo medio para la mano izquierda.

En esta ocasión, será el dedo medio el que deberá estar a punto para que la mano se desplace sobre él. La mano izquierda se posa sobre la segunda octava y toca, con los primeros cinco dedos, las primeras cinco notas de la escala.

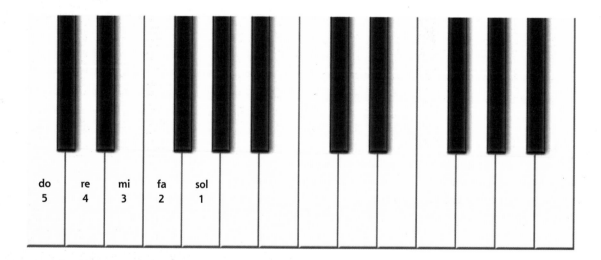

Una vez que el dedo pulgar ha llegado a la tecla de la nota sol, sin levantar el dedo 1 pasaremos el dedo medio sobre él para, así, tocar la nota la.

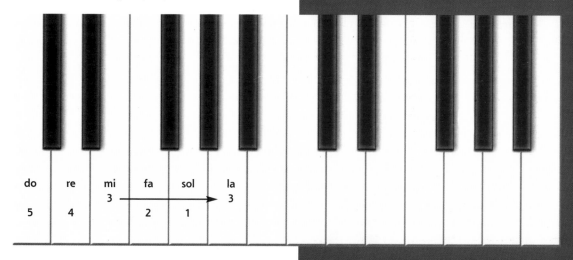

Los dedos 2 y 1, es decir, índice y pulgar, deben tocar, a continuación, las teclas correspondientes a las notas si y do:

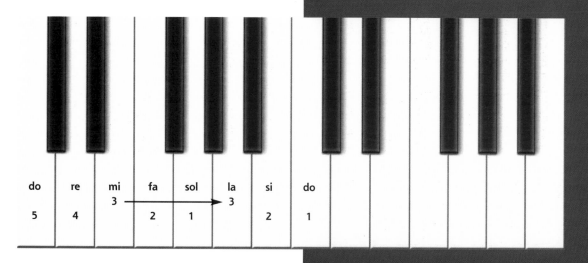

Debe prestarse atención a la diferente forma en que se produce el paso de los dedos en una y otra mano. En la derecha, el pulgar debe pasarse tras tocar un primer grupo de tres notas y por debajo de los dedos; en la mano izquierda, el dedo medio debe pasarse tras tocar un grupo de cinco notas y por encima de los otros dedos.

A partir de aquí, podemos practicar las diferentes escalas que hemos estudiado; por ejemplo, la siguiente escala de la mayor. Ésta es la digitación a dos manos que ya conocemos:

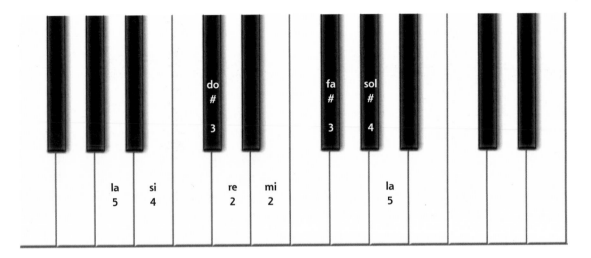

Vamos, ahora, a practicarla utilizando sólo la mano izquierda:

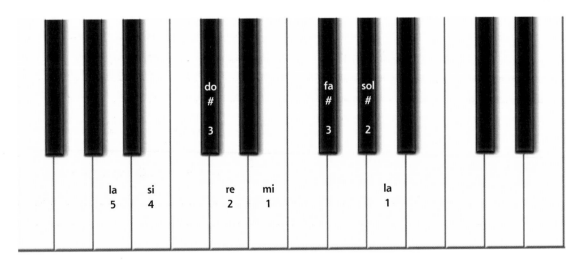

Ahora, vamos a practicarla con la mano derecha:

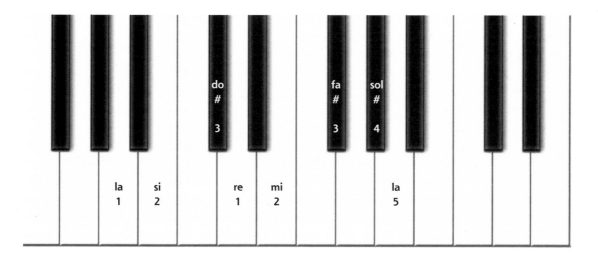

Para practicar otras escalas, nosotros mismos podemos deducir la posición de los dedos si respetamos el esquema que sigue:

ejecución de las escalas en sentido ascendente con cada mano		
mano derecha:	3 notas ⟶ 5 notas	
	paso pulgar (por abajo)	
mano izquierda:	paso dedo medio (por arriba)	
	5 notas ⟶ 3 notas	

En el cuadro, hemos indicado el sentido de la ejecución, sentido ascendente. Pero también podemos, claro está, interpretar las escalas con una sola mano y en sentido descendente. Aquí, la digitación para cada mano es ligeramente distinta.

Así, para la mano derecha, el esquema que seguiremos será el siguiente:

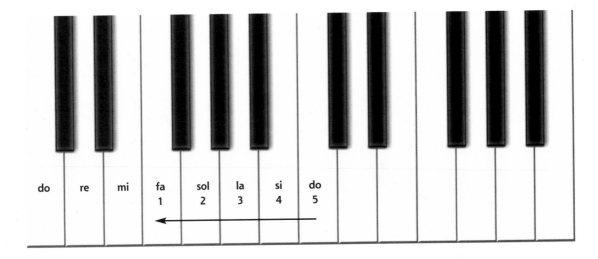

Con la flecha, indicamos el sentido descendente. Hay que poner atención en que ahora estamos trabajando con la mano derecha, no con la izquierda. Así, empezando con el dedo 5, o meñique, sobre la nota do de la cuarta octava, debemos tocar la escala en sentido descendente hasta que, con el dedo pulgar, lleguemos a la tecla de la nota fa. Una vez en esta situación, pasaremos el dedo medio por encima del pulgar, para tocar con el citado dedo medio la tecla de la nota mi.

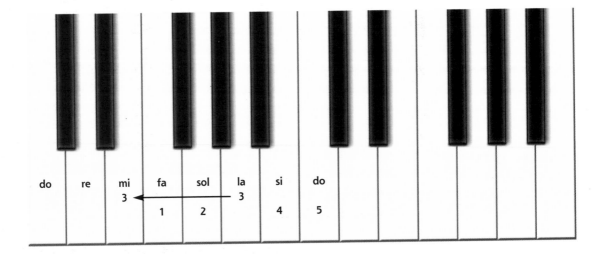

Tras esto, sólo nos queda completar la escala con las últimas dos notas: re y do.

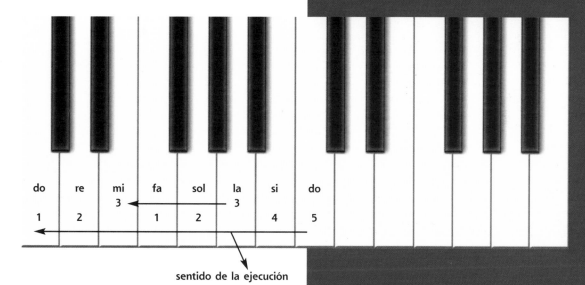

sentido de la ejecución

Con la mano izquierda, los pasos que debemos seguir son los siguientes:

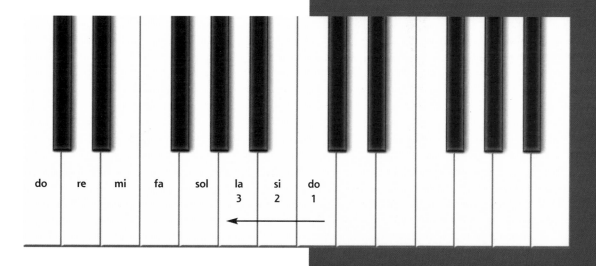

Empezando por la tecla de la nota do de la segunda octava, ejecutamos en sentido descendente, hacia la primera octava, las notas do, si y la. Para ello, emplearemos los dedos 1, 2 y 3. Una vez que hayamos llegado con el dedo medio sobre la nota la, deberemos pasar el dedo pulgar por debajo del dedo medio hasta que alcance la tecla de la nota sol:

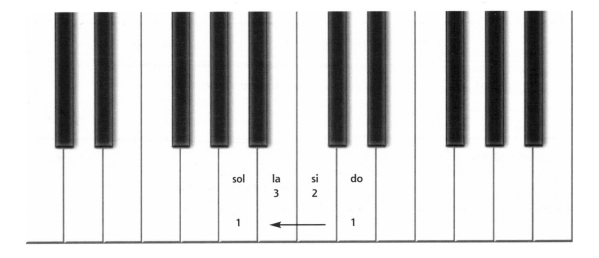

Después, sólo queda completar la escala haciendo que el resto de los dedos pasen a tocar las últimas cuatro notas. La escala, en sentido descendente, quedaría así:

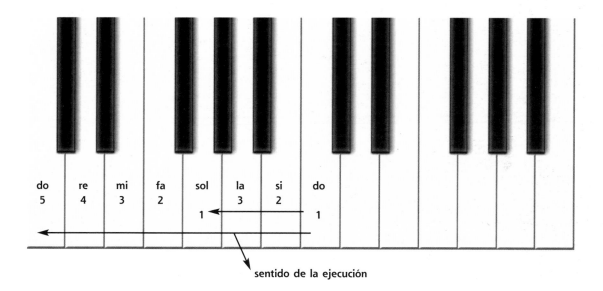

La ejecución en sentido descendente sigue un esquema inverso al usado en sentido ascendente para cada mano. Vamos a resumir la ejecución para las dos manos en el siguiente cuadro:

ejecución de las escalas en sentido descendente con cada mano		
mano derecha:	paso dedo medio (por arriba)	
	5 notas	3 notas
mano izquierda:	3 notas	5 notas
	paso pulgar (por abajo)	

Debemos prestar atención al sentido de la interpretación y retener en la memoria este cuadro, que nos servirá como guía.

A continuación, proponemos un ejercicio para practicar estas dos digitaciones a un tiempo. Será una forma de que nuestras manos adquieran habilidad y puedan ejercitarse en la tarea de comportarse de modo independiente, pero coordinadas, sobre el teclado. Para ello, proponemos la práctica de la escala de re mayor en sentido ascendente con la mano derecha y descendente con la mano izquierda. Desplazaremos la mano izquierda sobre la segunda octava del teclado y la mano derecha sobre la tercera octava.

El esquema de la ejecución será el siguiente:
Mano izquierda (sentido descendente):

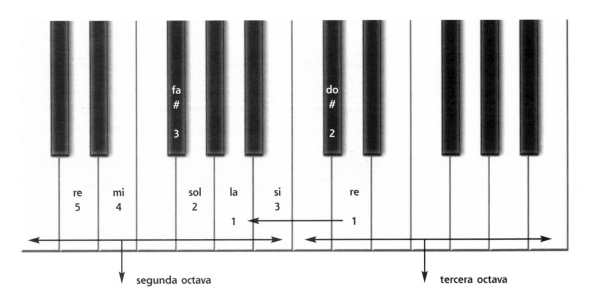

Mano derecha (sentido ascendente):

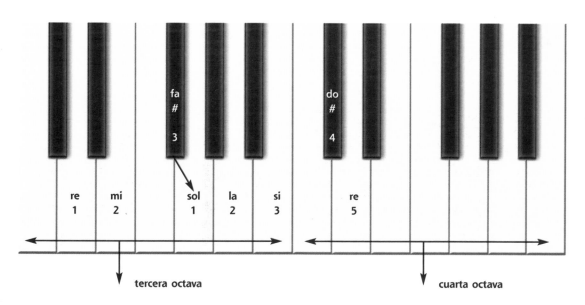

re 1   mi 2   fa # 3 → sol 1   la 2   si 3   do # 4   re 5

tercera octava   cuarta octava

Una vez completadas las primeras escalas, y sin llegar a levantar las manos del teclado, podemos continuar la escala de re mayor, en sentido descendente con la mano izquierda (hasta llegar al re de la primera octava) y en sentido ascendente con la mano derecha (hasta llegar al re de la cuarta octava): se trata de un ejercicio muy completo e importante.

9

PRACTICANDO
las primeras canciones

Para preparar una interpretación es necesario leer detenidamente la partitura y ensayarla por partes hasta que todas ellas nos resulten asequibles y podamos interpretarla completa. Este esquema, que sirve para cualquier partitura, podemos aplicarlo a algunos de los ejercicios siguientes, basados en canciones populares bien conocidas o, cuando menos, sencillas de interpretar y de seguir, tanto melódica como rítmicamente.

Sin embargo, además de la partitura, para facilitar la preparación de la canción proponemos una serie de gráficos que nos ayudarán a ejecutarla correctamente. Cualquier melodía sencilla exige un mínimo de atención, sobre todo cuando se empieza a tocar el piano o el teclado, por lo que sugerimos que se sigan escrupulosamente los pasos que se detallan a continuación.

Vamos a ensayar, en primer lugar, la canción *El gegant del pi*. La ejecutaremos primero con una sola mano, la derecha, para afianzar la melodía y añadir después el acompañamiento con la mano izquierda.

Hemos numerado los compases para seguir, paso a paso, la partitura. Observaremos que, en la canción, algunos compases son iguales y otros tienen un patrón muy similar. Para aprender a tocar la canción es recomendable fijarse en estas similitudes y correspondencias entre las diversas partes de la composición, así como en los patrones melódicos y las variantes que surgen en ocasiones. Para interpretar esta melodía situaremos la mano derecha sobre la tercera octava. La tonalidad es de do mayor, y el compás, de dos por cuatro. Pasamos a detallar la canción, incluyendo la posición de los dedos y los movimientos de los mismos (algunas notas se repiten):

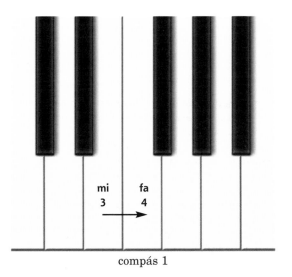

compás 1

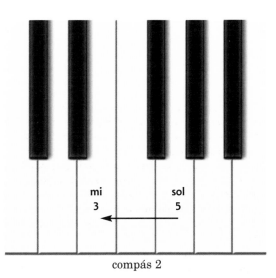

compás 2

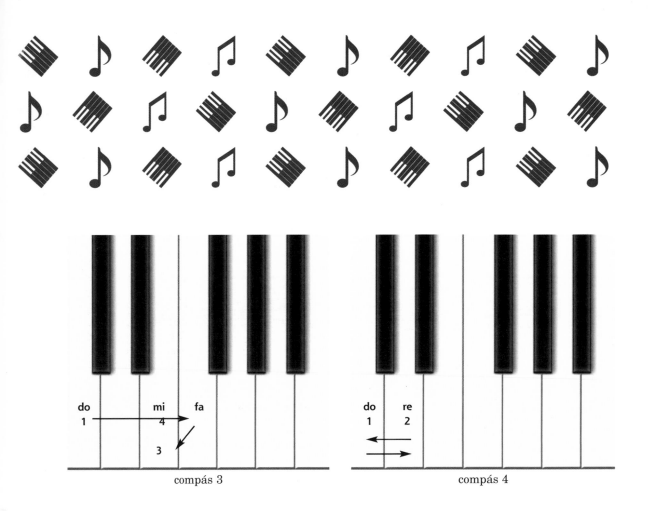

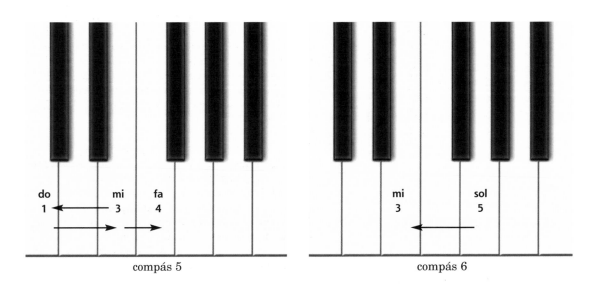

compás 3   compás 4

compás 5   compás 6

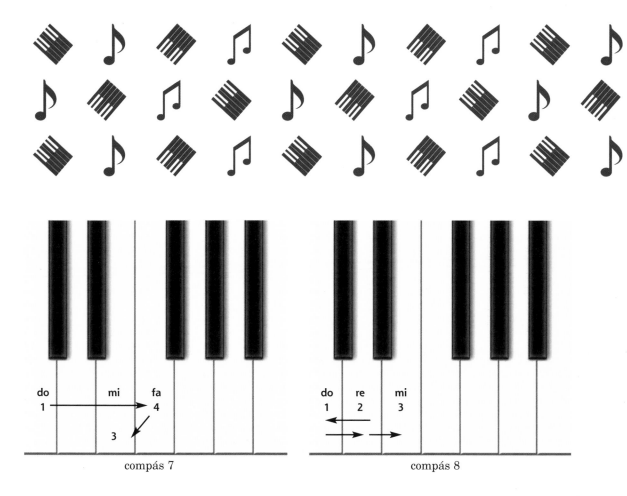

compás 7

compás 8

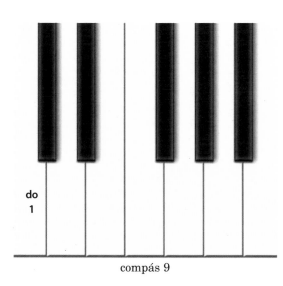

compás 9

Una vez que hemos comprobado, compás a compás, cómo se ejecuta la pieza, podemos intentar interpretarla en su conjunto. Deberemos tener paciencia, pues nos costará memorizar los pasos y ajustar la ejecución al ritmo adecuado. Poco a poco, eliminaremos irregularidades en nuestra interpretación y le daremos la medida justa a cada toque. Como es de suponer, recomendamos que se interprete la pieza repetidas veces, hasta encontrarnos a gusto con ella e incluso llegar a ejecutarla de forma automática, aunque no mecánica.

Podemos probar a interpretarla con la mano izquierda, teniendo en cuenta la digitación apropiada, y también probar a interpretarla sobre otras octavas.

Ahora, proponemos la interpretación de la misma pieza pero usando acompañamiento; es decir, empleando las dos manos. La mano izquierda se situará sobre la segunda octava, y la mano derecha, sobre la tercera octava.

Detallamos la ejecución de la canción, atendiendo sobre todo a la mano izquierda:

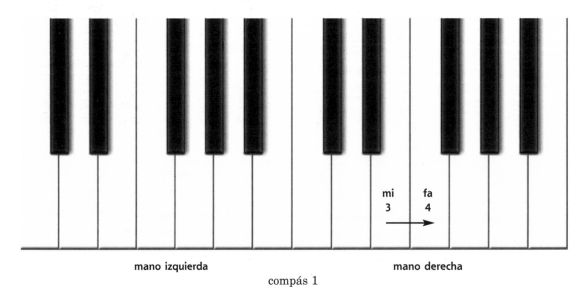

mi
3

fa
4

mano izquierda

mano derecha

compás 1

En este primer compás no interviene la mano izquierda. Por eso, en la clave de fa, se señala con un signo de silencio (el pequeño rectángulo negro) la ausencia de acompañamiento. (Véase el capítulo 10, donde se explica todo lo referente a los signos de silencio).

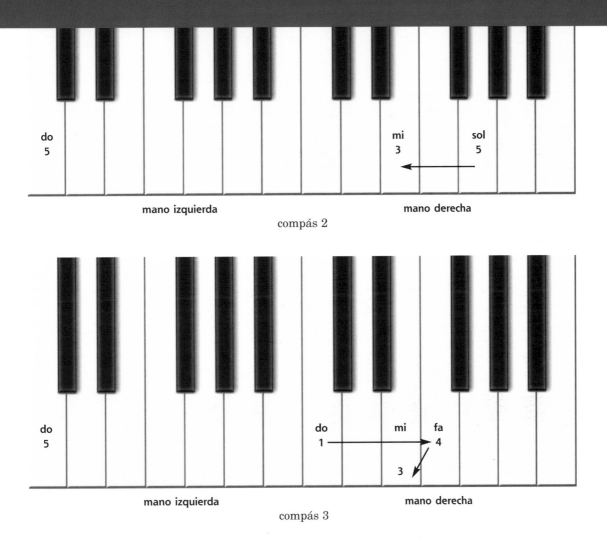

do
5

mi
3

sol
5

mano izquierda

mano derecha

compás 2

do
5

do
1

mi

fa
4

3

mano izquierda

mano derecha

compás 3

En el tercer compás, la nota do debe repetirse dos veces, pero poniendo atención a la distinta duración de la misma. Debe tenerse en cuenta la aparición, en el pentagrama, de un signo, justo al lado de la segunda nota de este segundo compás, en la parte de la clave de fa (es de-

cir, la que corresponde a la mano izquierda). Se trata de un signo de silencio que indica una pausa equivalente a la duración de una corchea. Durante la ejecución, debemos tener en cuenta la duración de las notas y de los silencios.

compás 4

compás 5

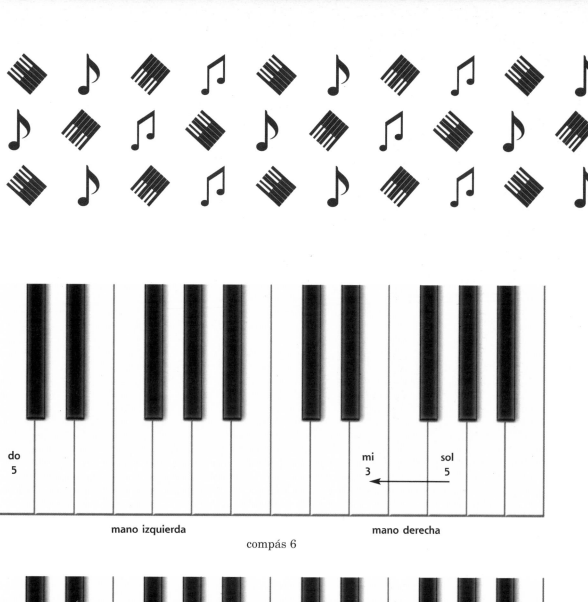

compás 6

compás 7

Debe prestarse atención a la distinta medida de las notas, aunque correspondan al mismo sonido, pues de su correcta cuantificación depende que se guarde bien el ritmo de la canción.

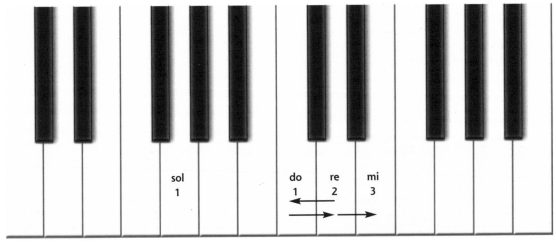

mano izquierda

compás 8

mano derecha

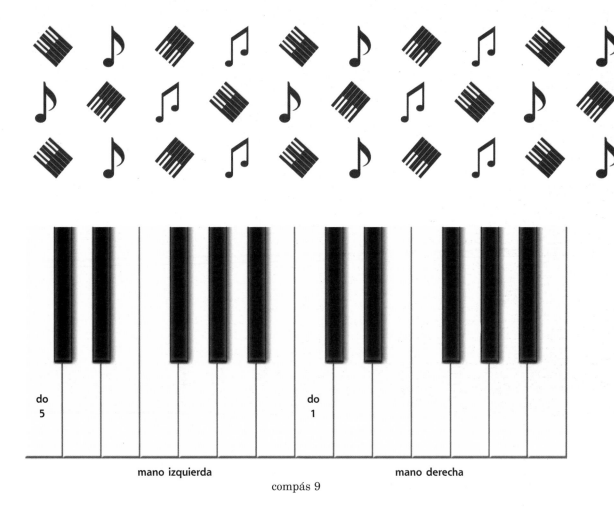

mano izquierda   mano derecha

compás 9

A continuación, proponemos otra canción popular catalana: *Cargol treu banya*. Como en el caso anterior, primero ofreceremos una versión para la mano derecha y, posteriormente, una versión con acompañamiento.

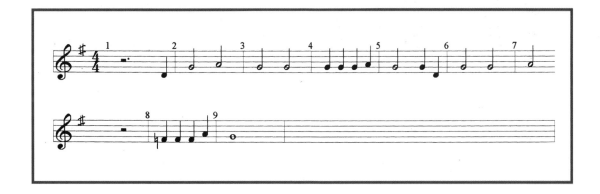

Hay que tener en cuenta que esta canción está escrita en la tonalidad de sol mayor, por lo que todas las notas fa deberían verse alteradas e interpretarse como fa sostenido. En la partitura, sin embargo, aparece un signo, llamado becuadro, encabezando las tres notas fa del octavo compás. Este signo indica que esas notas deben interpretarse sin alteraciones, es decir, como fa natural.

Ofrecemos la digitación para la mano derecha, compás a compás, de esta canción.

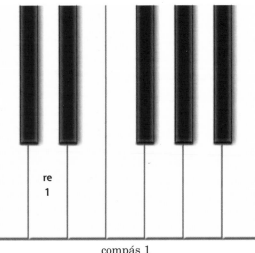

re
1

compás 1

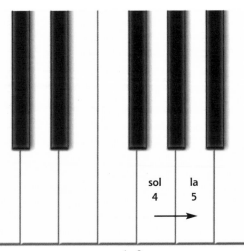

sol
4

la
5

compás 2

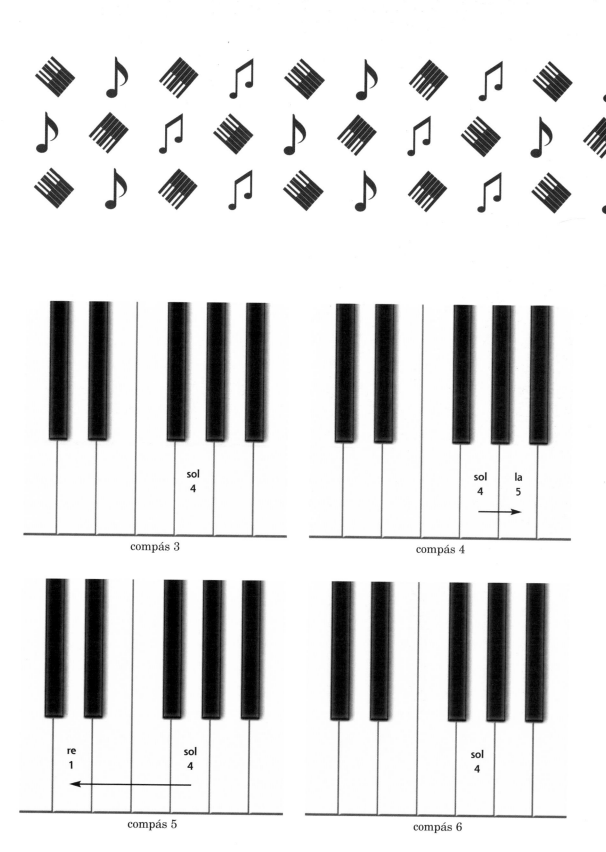

compás 3

sol
4

compás 4

sol
4

la
5

compás 5

re
1

sol
4

compás 6

sol
4

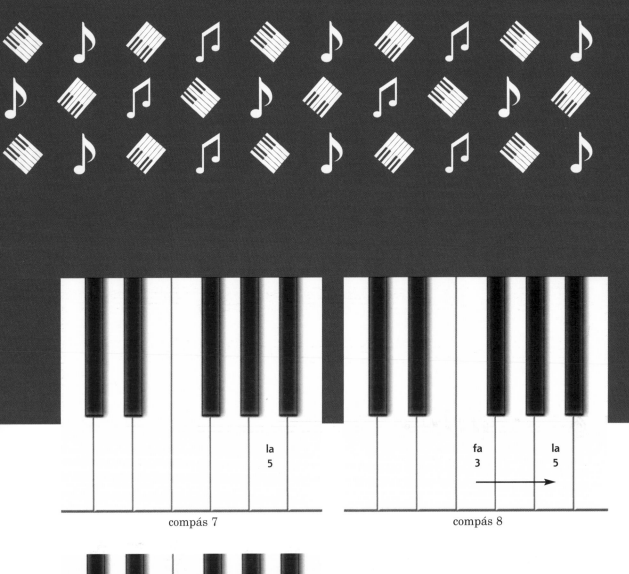

compás 7 · la 5

compás 8 · fa 3 · la 5

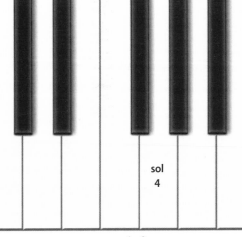

compás 9 · sol 4

Nuevamente, debemos tener en cuenta que algunas notas se repiten, pero cada una puede tener diversa duración. Observemos con cuidado, además, el compás séptimo, donde nos encontramos con un silencio equivalente a la mitad del compás, es decir, a la duración de una nota blanca.

A continuación, ofrecemos la digitación para las dos manos de este tema musical. Para interpretar correctamente los signos de silencio, véase lo explicado en el capítulo 10.

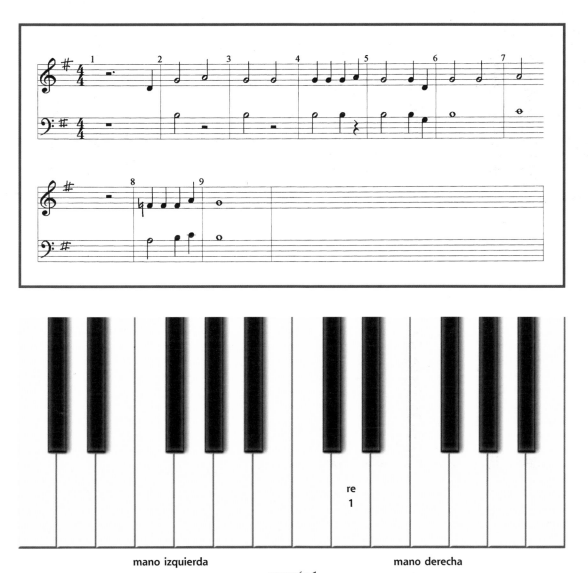

mano izquierda   mano derecha

compás 1

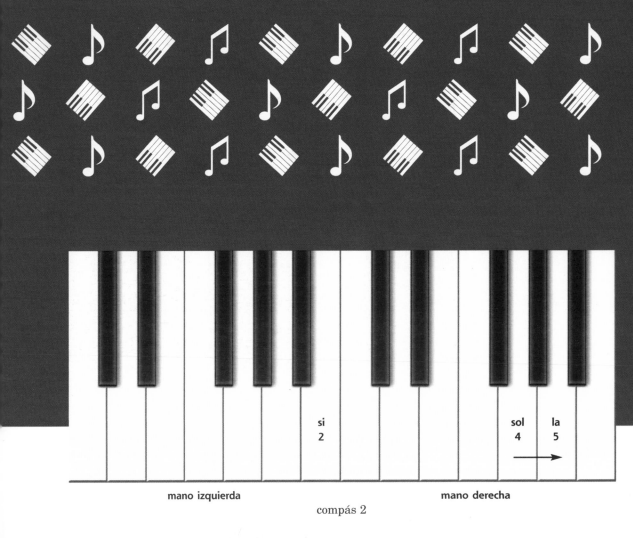

compás 2

mano izquierda   mano derecha

compás 3

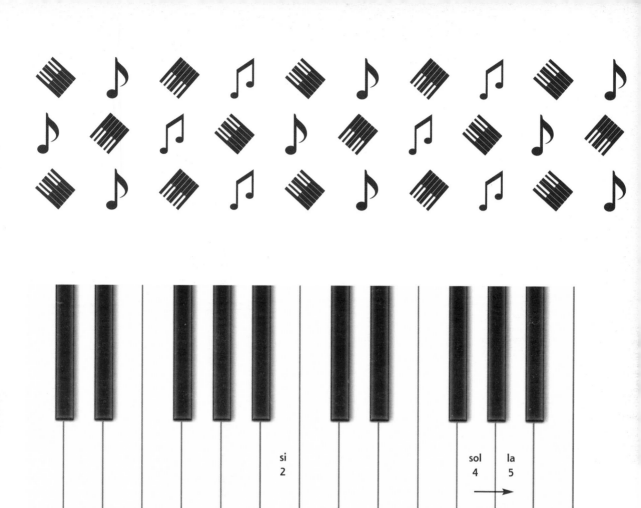

si
2

sol
4

la
5

mano izquierda   mano derecha

compás 4

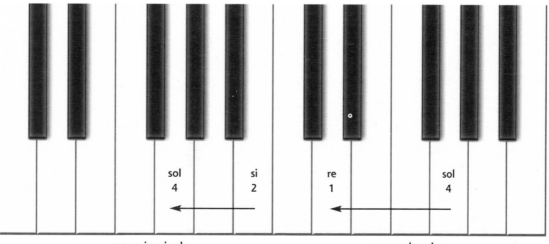

sol
4

si
2

re
1

sol
4

mano izquierda   mano derecha

compás 5

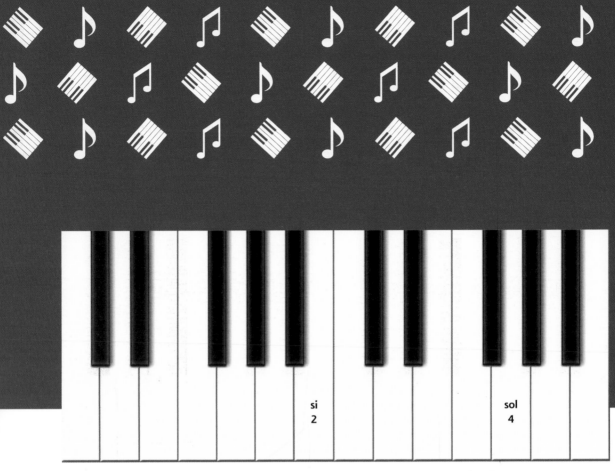

mano izquierda   mano derecha

compás 6

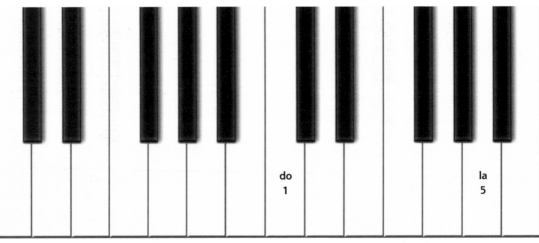

mano izquierda   mano derecha

compás 7

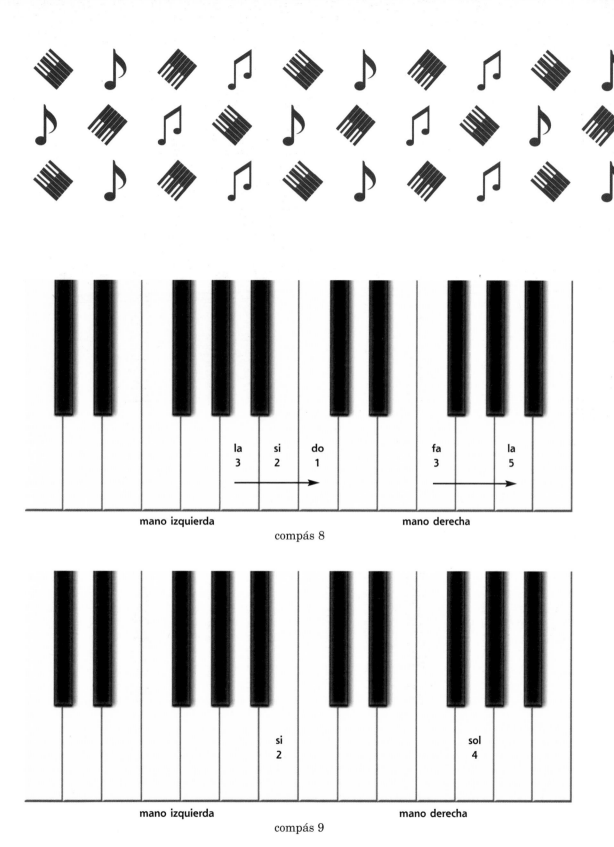

10

símbolos de silencio

En música, como hemos comprobado en alguna ocasión en los pasados ejercicios, existen breves periodos de silencio entre los sonidos. Esos silencios, como veremos, se representan mediante una serie de signos especiales. La duración de cada símbolo de silencio está en relación con la duración de un tipo de nota. Así, existen silencios de blanca, de negra, de corchea, etc. Por ejemplo, un silencio de blanca significa que la duración de la pausa que se deberá hacer habrá de ser equivalente a la duración de una nota blanca. Un compás o varios pueden constar, exclusivamente, de notas o de silencios, o bien tener un cierto número de notas y un cierto número de silencios, si bien unas y otros han de sumar el valor exacto del compás. Vamos a detallar estos símbolos de silencio sobre el pentagrama. Las notas que aparecen se corresponden con la duración del símbolo de silencio que completa el compás.

Silencio de redonda (nota completa):

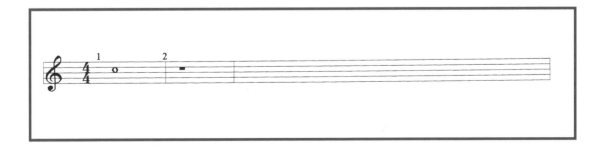

Silencio de blanca (media nota):

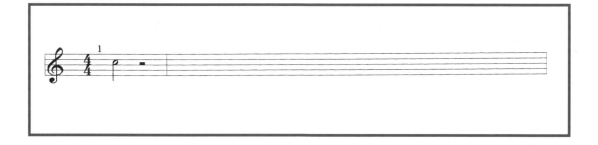

Silencio de negra (1/4 de nota):

Silencio de corchea (1/8 de nota):

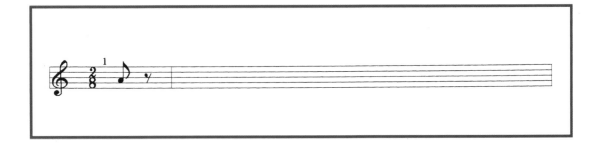

Silencio de semicorchea (1/16 de nota):

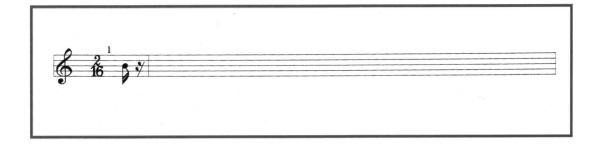

Silencio de fusa (1/32 de nota):

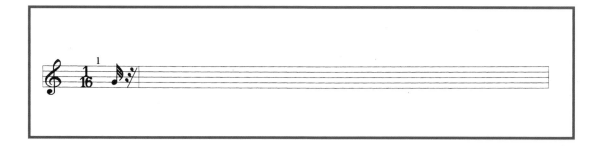

Compruébese que la suma de las notas y de los silencios se corresponde con la medida del compás que se indica en cada caso.

Algunos silencios son parecidos y es fácil confundirlos. El silencio de redonda pende de la cuarta línea del pentagrama, mientras que el silencio de blanca se asienta sobre la tercera línea. El símbolo del silencio de negra tiene su gancho hacia la derecha. El signo para el silencio de corchea es similar, pero su gancho se sitúa a la izquierda.

Un compás de silencio se indica con un silencio de redonda; varios compases de silencio se indican con un silencio de redonda y un número (el de compases de espera) sobre él.

Finalmente, existe otro signo de silencio llamado calderón: ⌢. La presencia de este signo sobre una nota o un silencio significa que éste o aquélla podrán ser prolongados a voluntad del intérprete.

11

LOS
acordes

A continuación vamos a estudiar los acordes. Los acordes son grupos de tres o más notas tocadas de manera simultánea. Se trata de notas armónicas, emparentadas por relaciones prácticamente matemáticas; en otras palabras, relaciones basadas en la diferencia de tono que existe entre ellas. Son notas que, por decirlo de manera sencilla, «combinan» bien entre sí.

Los acordes fundamentales y los más sencillos se construyen con tres notas, por lo que también a veces se los conoce como **tríadas.** Los acordes suelen acompañar una melodía para darle mayor profundidad y hondura: de esta manera, la completan y la realzan. En esos casos, la melodía de la pieza la suele interpretar la mano derecha, y los acordes, la mano izquierda. Los acordes sirven también para resaltar el ritmo de la melodía, pues acompañan y subrayan el mismo, por ejemplo, al repetirse.

En la teoría musical existe una disciplina destinada al estudio de los acordes y de las relaciones entre éstos y las notas: es la **armonía.**

La base fundamental del acorde es la unión de tres notas dependientes de una principal, llamada también raíz. A la **nota raíz** no la puede acompañar cualquier nota, sino aquella o aquellas que pueden mantener una determinada relación entre sí. Para explicar esto es necesario acudir a los intervalos. Un **intervalo** es la diferencia de sonido entre las diversas notas de la escala, es decir, la distancia a que una nota se encuentra de otra. Tomando como punto de partida la escala de do mayor y la nota do, podemos ver las clases principales de intervalos.

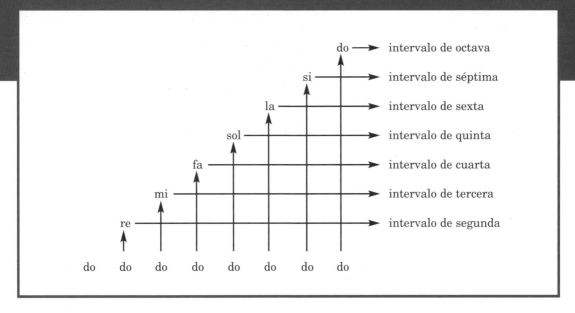

Cada una de las notas de la octava mantiene, a su vez, relaciones medidas en intervalos con otras. Así, la nota mi está a un intervalo de tercera (suele decirse, simplemente, a una tercera) de do y, al mismo tiempo, a una cuarta de la; por su parte, la nota sol está a una tercera de mi y a una quinta de do. En el siguiente cuadro, exponemos algunos ejemplos de relaciones de intervalos entre varias notas.

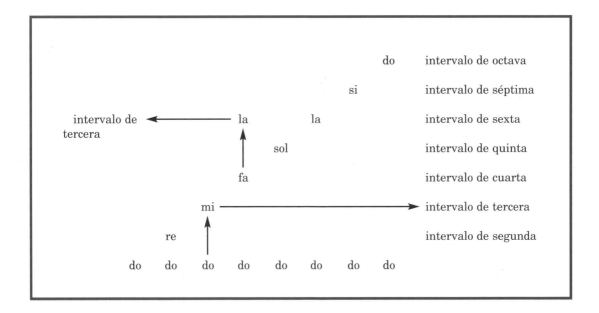

Acorde de Do, con las dos manos.

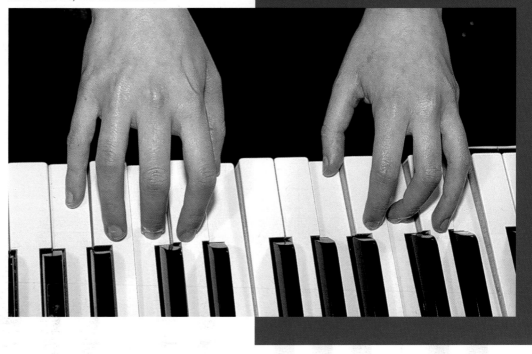

En el cuadro indicamos que entre do y mi existe un intervalo de tercera, y entre fa y la también existe un intervalo de tercera. Podemos sugerir cualquier nota y comprobar la distancia a la que está con respecto a cualquier otra. Los intervalos que intervienen en los acordes básicos son los de tercera y los de quinta. Para calcular la formación del acorde debemos contar el intervalo deseado (tres o cinco, en estos casos) con cuidado de incluir en nuestra cuenta tanto la nota de partida como la de llegada.

Las notas do, mi y sol forman el acorde de do mayor. Podemos practicarlo en cualquiera de las octavas y con las dos manos.

• Para la mano izquierda, proponemos la siguiente digitación: 5, 3, 1.

• Para la mano derecha, proponemos usar estos dedos: 1, 3, 5.

A partir de cualquier nota de la escala, incluidos sostenidos y bemoles, podemos crear acordes (y, como veremos, podrán ser acordes mayores y menores).

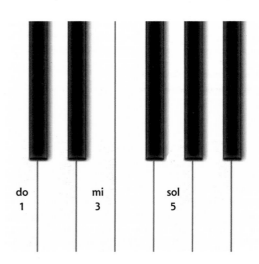

| do | mi | sol |
| 1 | 3 | 5 |

Para simplificar los cálculos de los acordes, ofrecemos un esquema con los **acordes mayores.** En estos diagramas, los números indican los dedos de la mano derecha que se usan para tocar cada nota.

Acorde de Re, con las dos manos.

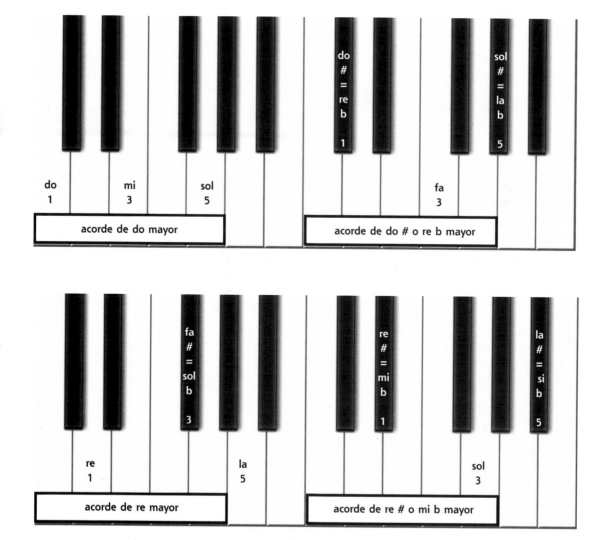

do # = re b		sol # = la b
1		**5**

do	mi	sol		fa
1	**3**	**5**		**3**

acorde de do mayor

acorde de do # o re b mayor

fa # = sol b	re # = mi b	la # = si b
3	**1**	**5**

re	la		sol
1	**5**		**3**

acorde de re mayor

acorde de re # o mi b mayor

Acorde de Mi, con las dos manos.

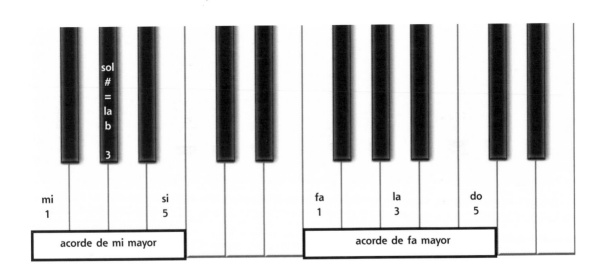

sol
#
=
la
b
3

mi
1

si
5

acorde de mi mayor

fa
1

la
3

do
5

acorde de fa mayor

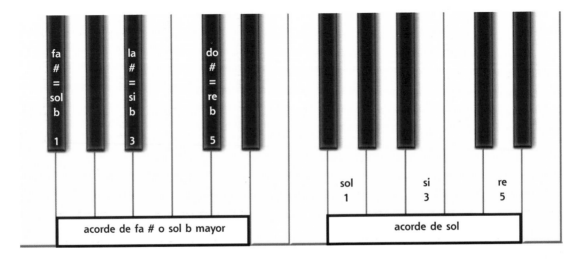

fa
#
=
sol
b
1

la
#
=
si
b
3

do
#
=
re
b
5

acorde de fa # o sol b mayor

sol
1

si
3

re
5

acorde de sol

Acorde de Fa, con las dos manos.

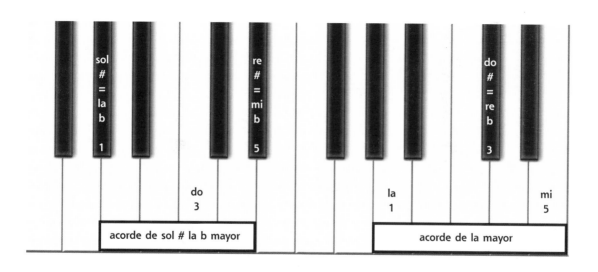

acorde de sol # la b mayor

acorde de la mayor

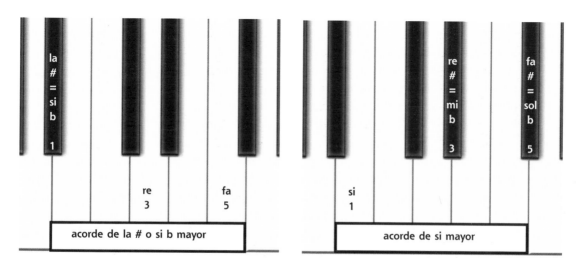

acorde de la # o si b mayor

acorde de si mayor

Acorde de Sol, con las dos manos.

Acorde de La, con las dos manos.

El orden de las notas en los acordes no debe ser siempre el mismo, sino que puede invertirse. La posición fundamental es la que hemos visto hasta ahora y que, en un pentagrama, se representa haciendo que la nota raíz figure en la base del acorde, contando de abajo hacia arriba.

Obsérvese en el pentagrama la nota fa sostenido en el acorde de re mayor. Los acordes que están en su posición fundamental se reconocen en el pentagrama porque todas sus notas se encuentran bien sobre espacios o bien sobre líneas. Cuando alguna de las notas se distingue por no estar en consonancia con las otras, nos hallamos ante un **acorde invertido.** Existen dos tipos de inversiones. En la **primera inversión,** la nota raíz está en la parte superior del conjunto de tres notas (parte superior contando de abajo hacia arriba); la **segunda inversión** consiste en situar la nota raíz en el centro de la tríada. Para identificar en el pentagrama la nota raíz de un acorde que se ha invertido, debemos tener en cuenta que ésta será siempre la primera nota (contando de abajo hacia arriba) que, con respecto al acorde sin invertir, cambia su posición de espacio a línea o de línea a espacio.

Acorde de Si, con las dos manos.

Veamos un ejemplo sobre el acorde de do mayor.

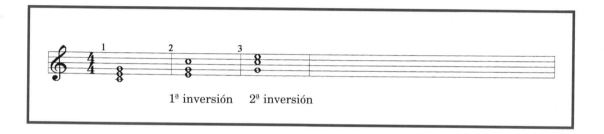

Ofrecemos las dos inversiones del acorde de do mayor sobre el teclado, con su digitación para la mano derecha.

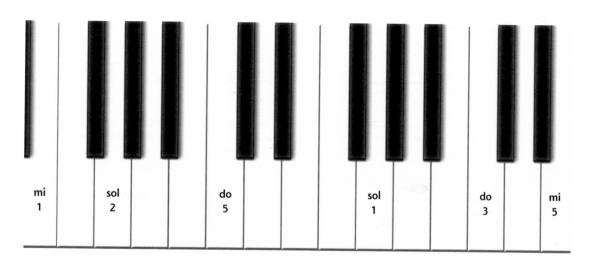

12

acordes

Acordes menores

Existen bastantes otras clases de acordes. En primer lugar, cabe destacar los acordes menores. También están formados por tres notas, pero los intervalos que relacionan las notas son ligeramente distintos: en estos acordes, son de tercera menor y de quinta. Esto quiere decir que el in-

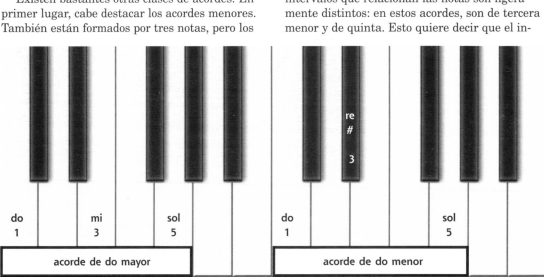

do	mi	sol
1	3	5

acorde de do mayor

do	re # 3	sol
1		5

acorde de do menor

tervalo entre la nota raíz del acorde y la siguiente contiene un tono y medio, en vez de dos. Sobre el teclado, es posible verlo con más facilidad.

Tanto en este gráfico como en el anterior, los números indican los intervalos de distancia entre las notas que forman el acorde.

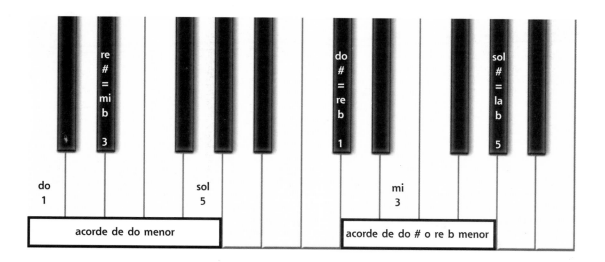

En los ejemplos que siguen, los números que figuran debajo de las notas de los acordes señalan la digitación adecuada para la mano derecha.

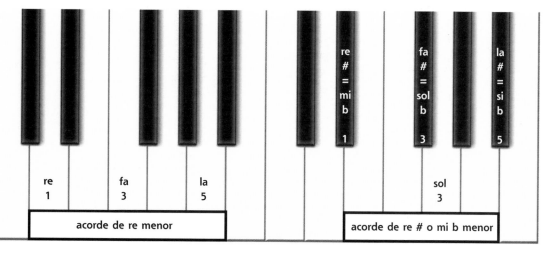

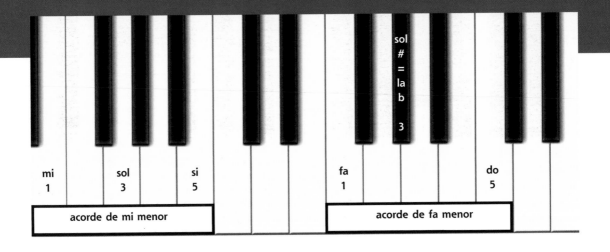

mi
1

sol
3

si
5

sol
#
=
la
b
3

fa
1

do
5

acorde de mi menor

acorde de fa menor

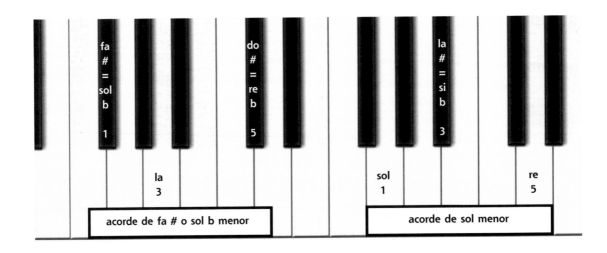

fa
#
=
sol
b
1

la
3

do
#
=
re
b
5

la
#
=
si
b
3

sol
1

re
5

acorde de fa # o sol b menor

acorde de sol menor

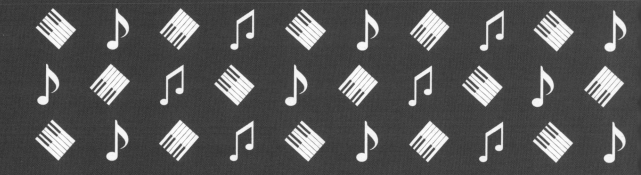

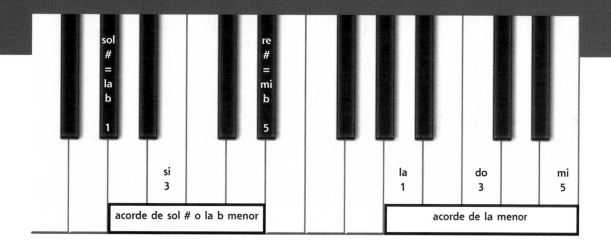

acorde de sol # o la b menor

la
#
=
si
b

1

do
#
=
re
b

3

fa
5

acorde de la # o si b menor

si
1

re
3

fa
#
=
sol
b

5

acorde si menor

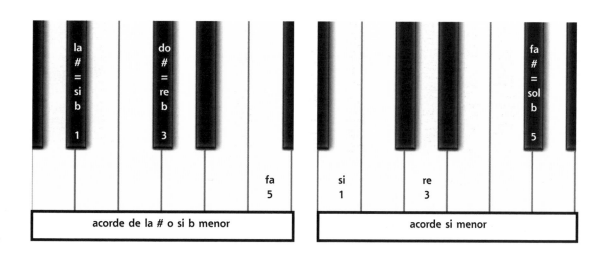

Acordes de cuarta

Se trata de acordes de tres notas en los que la relación de intervalos entre dichas tres notas varía con respecto a los acordes mayores y a los menores que hemos visto hasta ahora. Los acordes de cuarta están formados por una nota raíz y dos notas situadas a intervalos de cuarta y de quinta, respectivamente.

He aquí todos los acordes de cuarta:

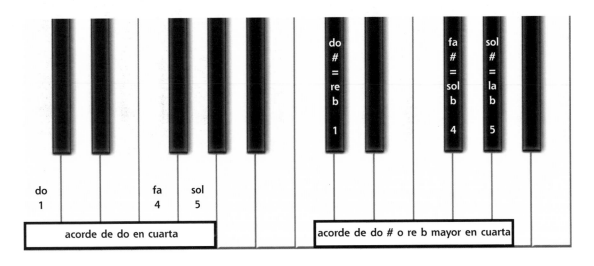

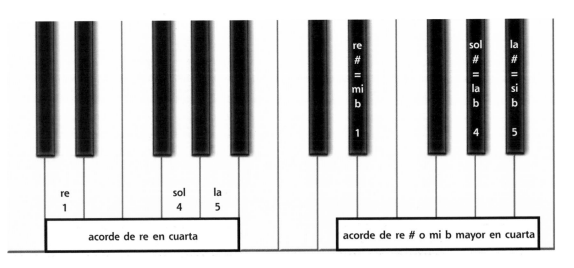

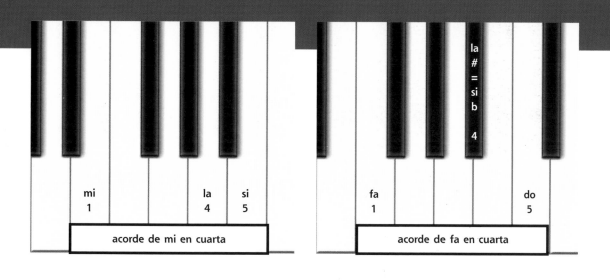

acorde de mi en cuarta

mi 1   la 4   si 5

acorde de fa en cuarta

fa 1   la # = si b 4   do 5

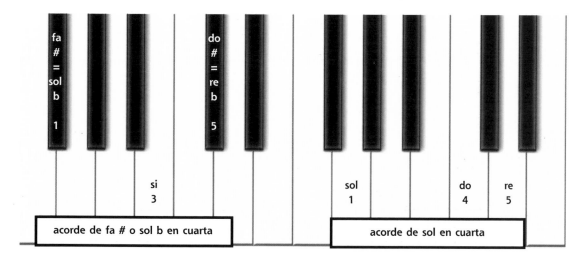

acorde de fa # o sol b en cuarta

fa # = sol b 1   si 3   do # = re b 5

acorde de sol en cuarta

sol 1   do 4   re 5

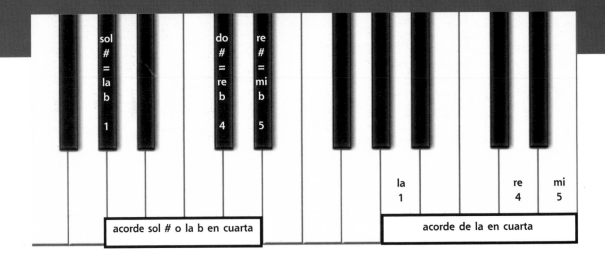

acorde sol # o la b en cuarta

acorde de la en cuarta

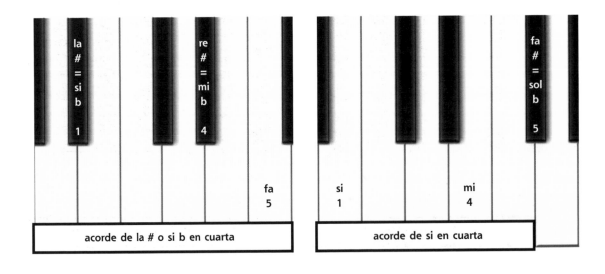

acorde de la # o si b en cuarta

acorde de si en cuarta

Acordes de quinta excedente

El acorde de quinta excedente está formado por una nota raíz y dos notas situadas, respectivamente, a un intervalo de tercera mayor y uno de quinta aumentada (dos tonos).

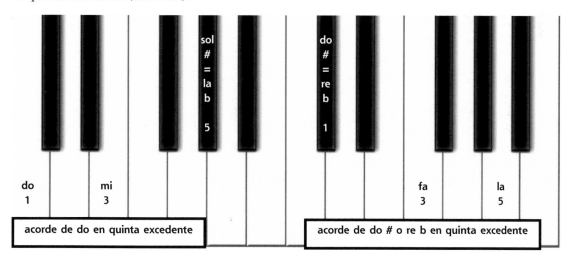

acorde de do en quinta excedente

acorde de do # o re b en quinta excedente

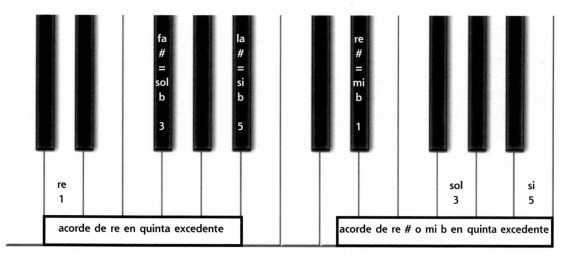

acorde de re en quinta excedente

acorde de re # o mi b en quinta excedente

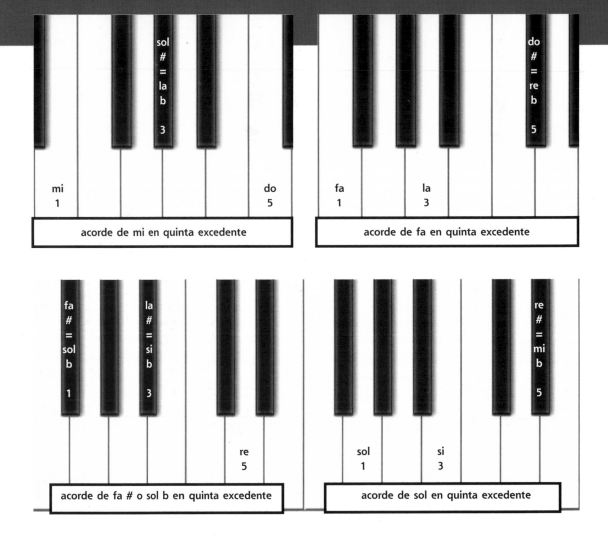

acorde de mi en quinta excedente

acorde de fa en quinta excedente

acorde de fa # o sol b en quinta excedente

acorde de sol en quinta excedente

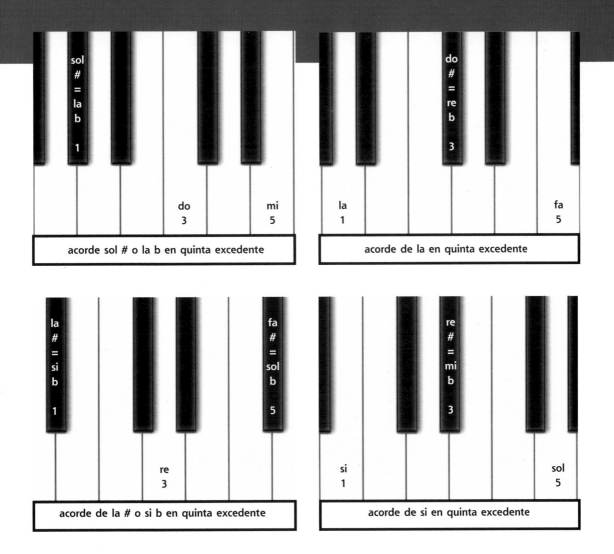

acorde sol # o la b en quinta excedente

acorde de la en quinta excedente

acorde de la # o si b en quinta excedente

acorde de si en quinta excedente

Acordes de séptima

Estos acordes se caracterizan por constar de cuatro notas. Pueden construirse a partir de los acordes mayores y menores de tres notas que hemos visto hasta ahora. Los acordes de séptima incluyen dos notas que, con respecto a la nota raíz, están, respectivamente, a una distancia de un intervalo de tercera y otro de quinta, más una cuarta nota que está, con respecto a la raíz, a una distancia de un intervalo de séptima. Veamos, a continuación, los acordes de séptima mayor.

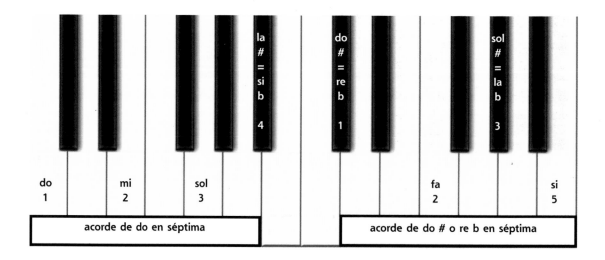

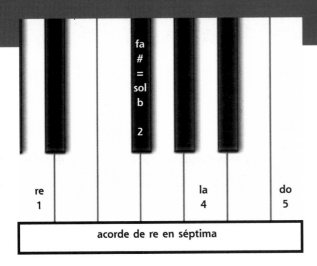

fa # = sol b 2			
re 1		la 4	do 5

acorde de re en séptima

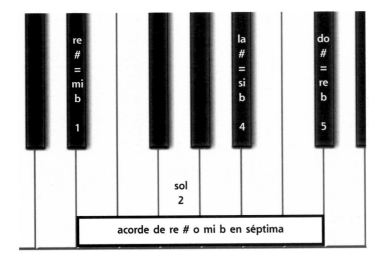

re # = mi b 1

la # = si b 4

do # = re b 5

sol 2

acorde de re # o mi b en séptima

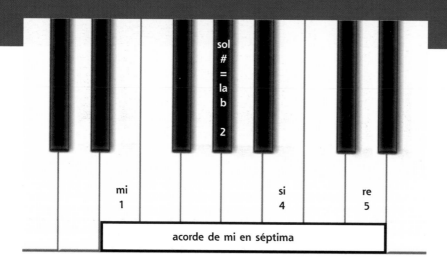

sol # = la b 2

mi 1

si 4

re 5

acorde de mi en séptima

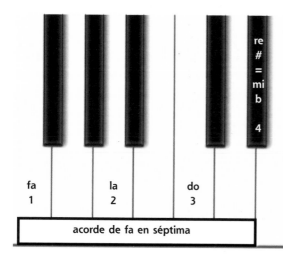

re # = mi b 4

fa 1

la 2

do 3

acorde de fa en séptima

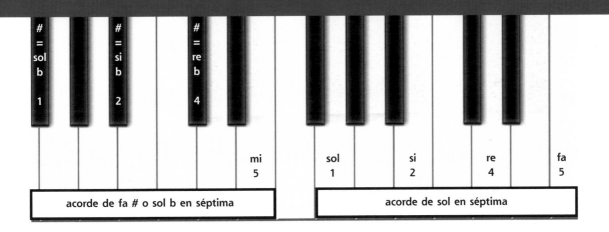

# = sol b 1	# = si b 2	# = re b 4

mi 5   sol 1   si 2   re 4   fa 5

acorde de fa # o sol b en séptima	acorde de sol en séptima

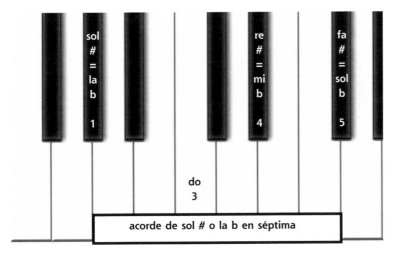

sol # = la b 1   re # = mi b 4   fa # = sol b 5

do 3

acorde de sol # o la b en séptima

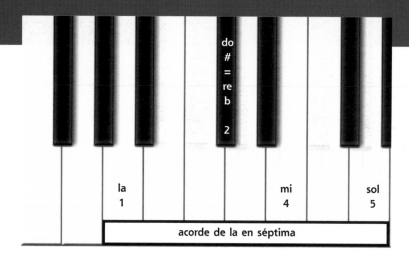

do # = re b 2

la 1   mi 4   sol 5

acorde de la en séptima

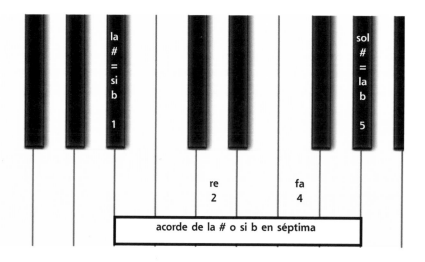

la # = si b 1

sol # = la b 5

re 2   fa 4

acorde de la # o si b en séptima

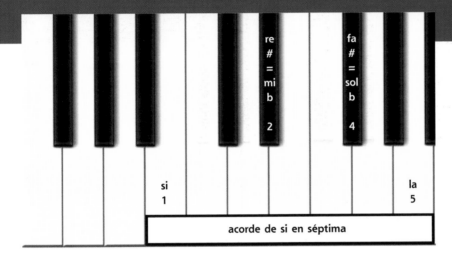

re
#
=
mi
b
2

fa
#
=
sol
b
4

si
1

la
5

acorde de si en séptima

13

REPERTORIO
de canciones populares

Seguidamente ofrecemos un repertorio de canciones populares. Detallaremos la ejecución de las primeras, pero dejaremos que sea el intérprete quien lea por sí mismo el pentagrama y ejecute las melodías de las demás. Por tratarse de canciones conocidas, no resultará difícil hallar el ritmo y la interpretación adecuados, pues nuestra memoria nos ayudará.

Oh, Susana

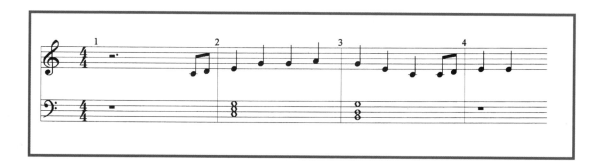

Detallamos a continuación la ejecución de la melodía y su acompañamiento con acordes interpretados por la mano izquierda, con la digitación correspondiente a cada nota.

La mano izquierda debe interpretar un acorde, de ahí que usemos los signos +, mientras que la mano derecha debe interpretar una sucesión de notas (algunas se repiten).

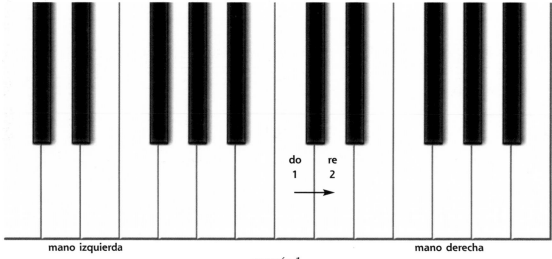

compás 1

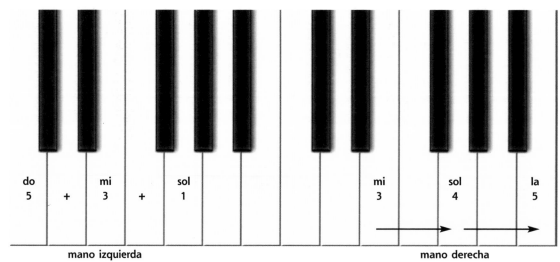

compás 2

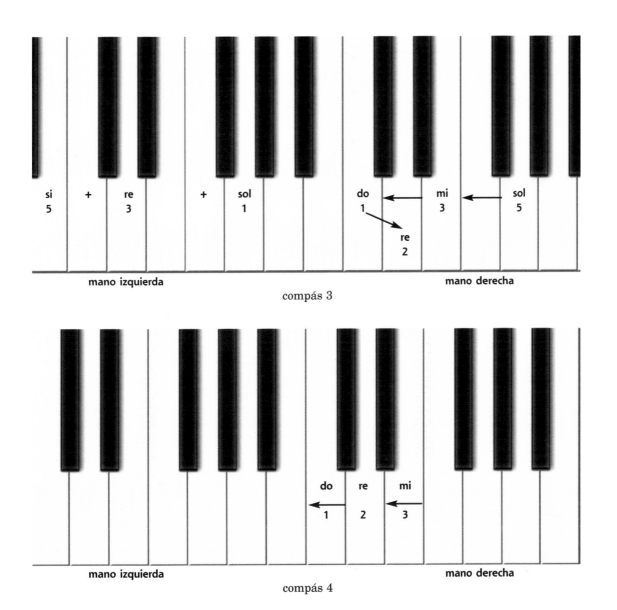

compás 3

compás 4

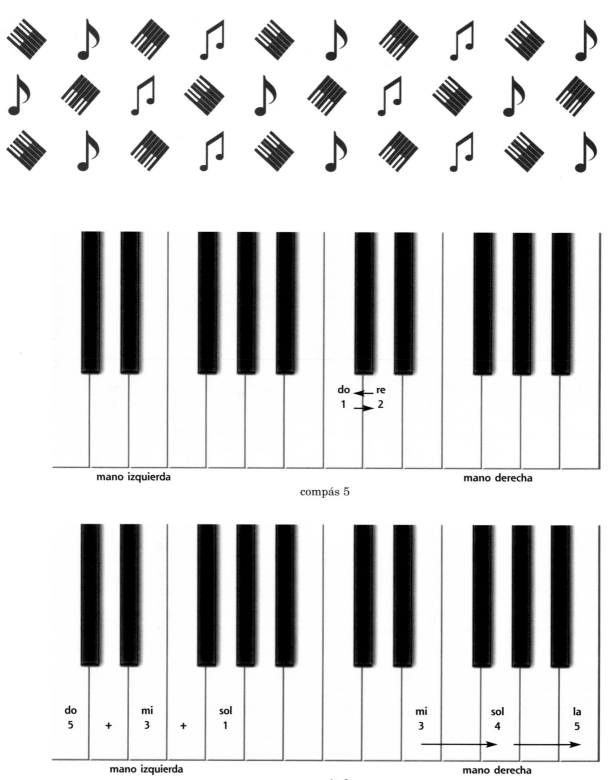

compás 5

compás 6

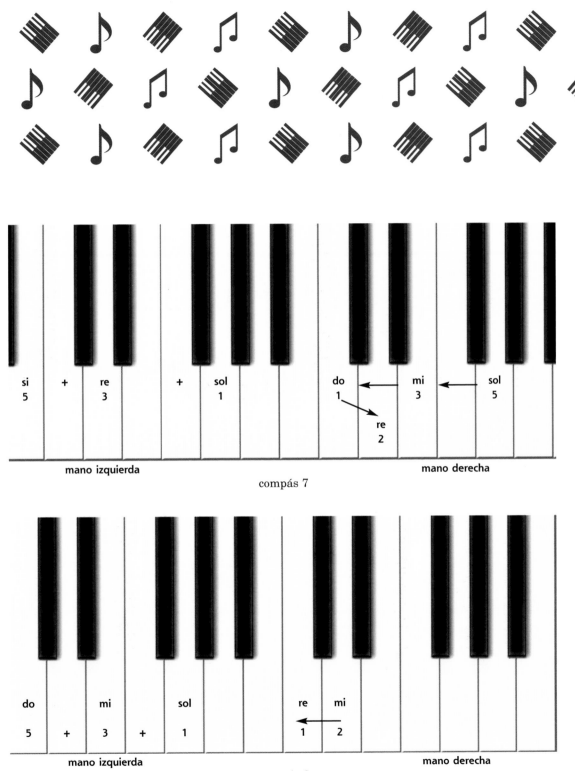

compás 7

compás 8

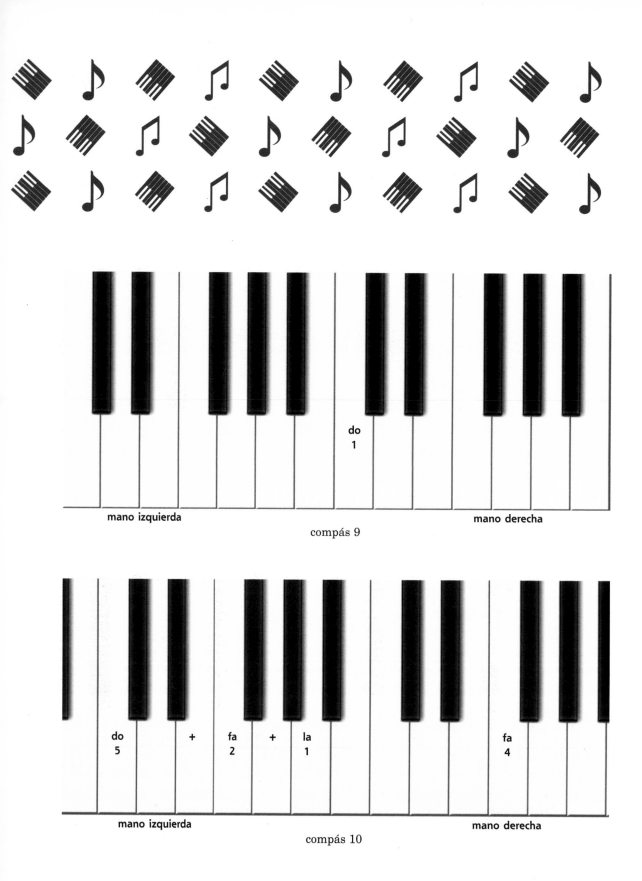

mano izquierda

mano derecha

compás 9

do
1

do
5

+

fa
2

+

la
1

fa
4

mano izquierda

mano derecha

compás 10

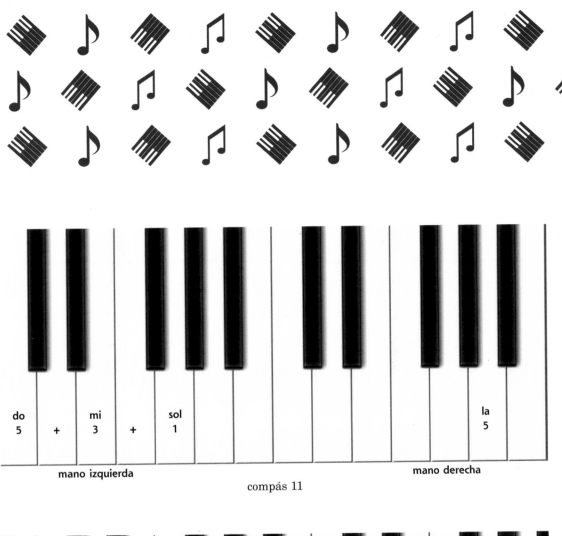

compás 11

compás 12

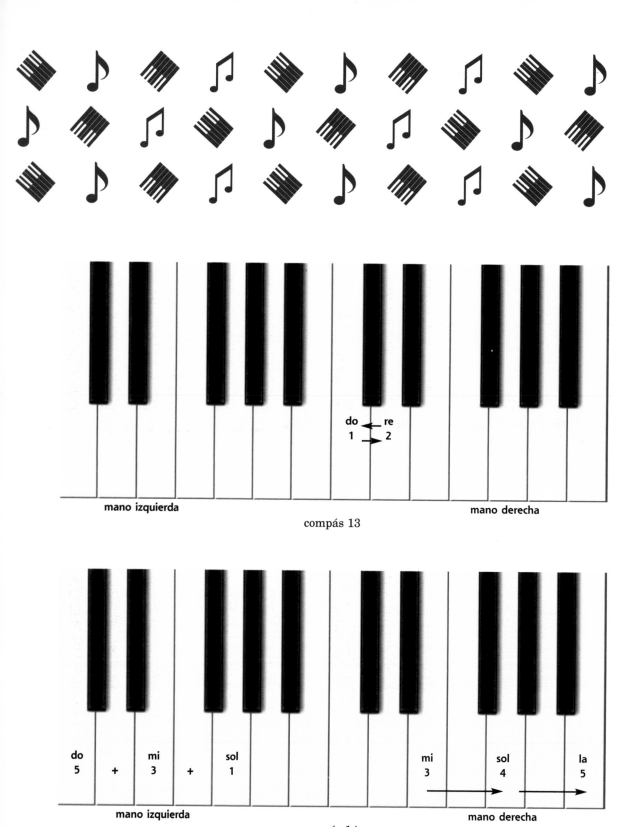

compás 13

compás 14

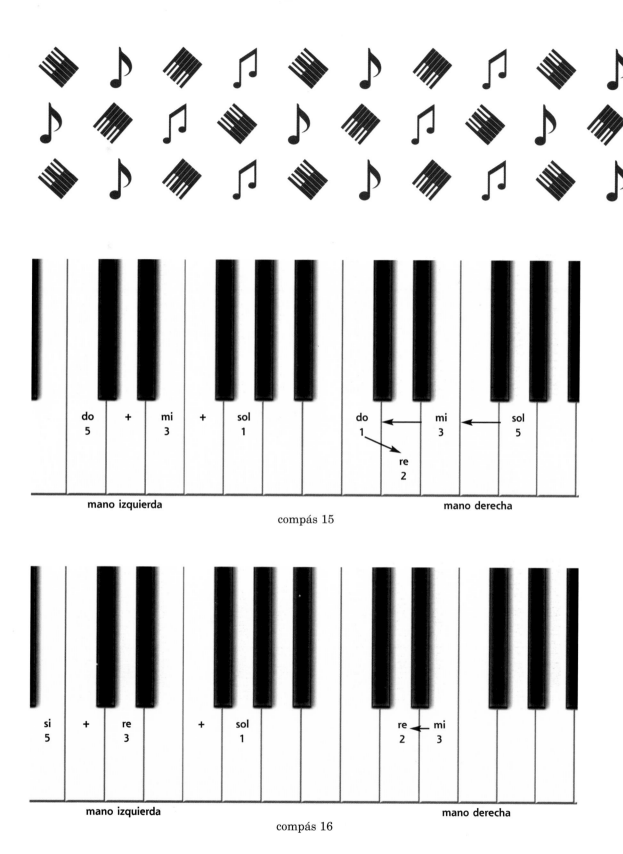

compás 15

mano izquierda　　　　mano derecha

compás 16

mano izquierda　　　　mano derecha

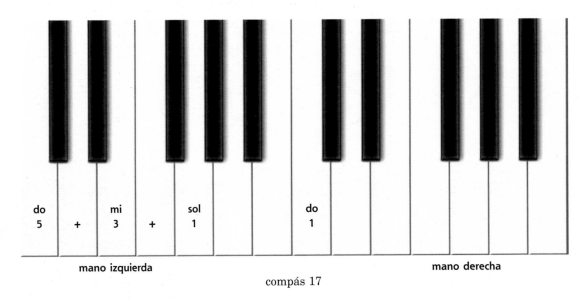

do 5   +   mi 3   +   sol 1   do 1

mano izquierda   **mano derecha**

compás 17

La canción también puede interpretarse con otro acompañamiento, tal como se indica en la siguiente partitura, aunque éste es un poco más complejo.

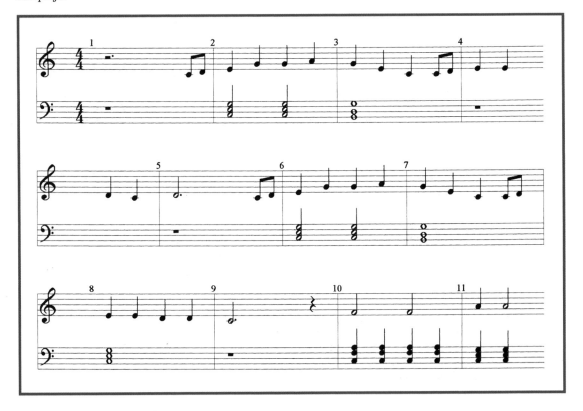

Se observará que intervienen las mismas notas y los mismos acordes la única diferencia es que con la mano izquierda podemos crear un ritmo a partir de repetir los acordes con menor duración. Nosotros mismos podemos intentar variantes, respetando siempre la medida del compás.

Au claire de la lune

Se trata de una canción popular francesa, de sencilla interpretación. En primer lugar, prepararemos la melodía con la mano derecha y, después, añadiremos el acompañamiento. Observemos, antes que nada, la partitura de esta canción:

Ofrecemos seguidamente algunas orientaciones que deben tenerse en cuenta para interpretar esta canción. En primer lugar, debemos fijarnos en la armadura de la composición. Así, junto a la clave de sol y la indicación de tiempo de cuatro por cuatro, observamos un signo de bemol. Este signo indica la armadura y, por tanto, la tonalidad en la que debe interpretarse la canción. El bemol está colocado sobre la línea en la que se escribe la nota si, lo que indica que todas las notas si que hubiera en la partitura deberían interpretarse como si bemol. Tocaremos la canción teniendo en cuenta en todo momento esta advertencia.

Compás 1	fa fa fa sol		Compás 9	sol sol sol sol
Compás 2	la sol		Compás 10	re re
Compás 3	fa la sol sol		Compás 11	sol fa mi re
Compás 4	fa		Compás 12	do
Compás 5	fa fa fa sol		Compás 13	fa fa fa sol
Compás 6	la sol		Compás 14	la sol
Compás 7	fa la sol sol		Compás 15	fa la sol sol
Compás 8	fa		Compás 16	fa

Para aprender bien una canción, es muy recomendable fijarse en su estructura, poder determinar de qué partes se compone y ver cómo se repiten algunas de éstas. De este modo, podemos preparar la canción no compás a compás, como hemos hecho hasta ahora, sino en varios grupos, de forma que nos resultará más fácil memorizar la composición entera, pues entenderemos su forma interna. Podemos observar que los primeros cuatro compases se repiten en los compases 5 a 8 y, al final, en los compases 13 a 16. Vemos, también, que los compases compuestos de cuatro notas negras se alternan con compases de dos blancas y de blanca con puntillo. En este sentido, la canción se puede reducir a una fórmula: grupos de cuatro compases compuestos por cuatro negras / dos blancas / cuatro negras / blanca con puntillo. Aprenderemos la canción practicando, en primer lugar, los cuatro primeros compases, teniendo en cuenta la alternancia de notas negras y blancas que hemos definido. Una vez que hayamos preparado suficientemente estos cuatro primeros compases, podemos ejecutar los compases 9 a 12, que son distintos del resto de la canción. Cuando tengamos dominada la interpretación de esta segunda tanda de cuatro compases (en los que se alternan notas negras y blancas, aunque no estén colocadas en la misma altura del pentagrama, igual que en el resto de la canción), podemos combinar los dos grupos de cuatro compases aprendidos, siguiendo este esquema:

primera parte de la canción: compases 1 a 4

segunda parte de la canción: repetición de compases 1 a 4

tercera parte de la canción: compases 9 a 12

cuarta parte de la canción: repetición de compases 1 a 4

Como queda claro, toda la canción se basa en la combinación de dos grupos de cuatro compases. De este modo, repetimos, aprendiéndonos la estructura de la pieza podremos dominar antes su ejecución.

A continuación vamos a estudiar el acompañamiento que ejecutaremos con la mano izquierda.

El acompañamiento respeta la estructura de la canción que hemos visto hasta ahora, aunque introduce ciertas variantes. Debemos observar, primero, la partitura. En ella veremos un nuevo signo de bemol. Este signo repite la armadura de la clave de sol en la clave de fa, por lo que, si hubiera notas si, éstas deberían interpretarse como si bemol. Sin embargo, podemos observar que en el compás número 10 hay un signo delante de la primera nota del compás. Este signo, llamado becuadro, nos indica que, a pesar de la armadura indicada, esta nota, que es una nota si, no debe interpretarse como un si bemol, sino como un si natural, es decir, sin alterar.

El acompañamiento, con la mano izquierda, lo estudiaremos en grupos de cuatro compases, como hicimos con la melodía, teniendo en cuenta que no se alternan notas negras con blancas, sino que todas las notas tienen la misma duración. Dentro del grupo de cuatro compases existe una estructura simétrica que vamos a analizar seguidamente:

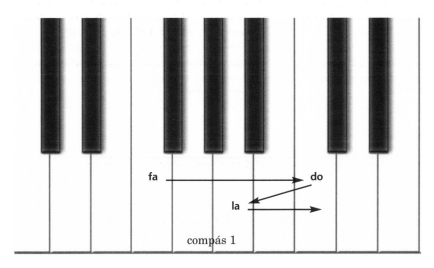

El do que interviene es el de la tercera octava del teclado. Ahora estudiaremos el segundo compás:

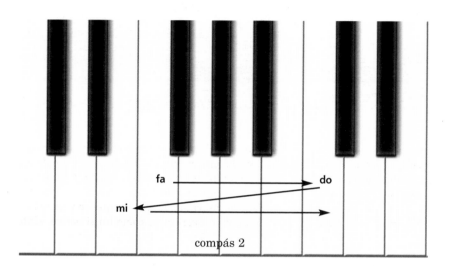

compás 2

Podemos comprobar que la estructura interna de los dos compases es muy similar. Si observamos el pentagrama, también notaremos que el compás 3 es repetición del 2, y que el compás 4 es repetición del 1. Tenemos, por tanto, para la mano izquierda, un grupo de cuatro compases en estructura simétrica: 1 - 2 - 2 - 1. Así, practicaremos este grupo de cuatro compases de la siguiente forma: fa do la do / fa do mi do / fa do mi do / fa do la do.

Si observamos la partitura, este grupo de cuatro compases que se ejecutan con la mano izquierda se corresponde con los primeros cuatro compases que se interpretan con la mano derecha. De esta manera, podemos avanzar en la visión de conjunto de la canción para las dos manos:

mano izquierda (clave de fa)	mano derecha (clave de sol)
compases 1 a 4	
repetición de compases 1 a 4	repetición de compases 1 a 4
compases 9 a 12	
repetición de compases 1 a 4	repetición de compases 1 a 4

Los cuatro primeros compases aprendidos para la mano derecha debemos combinarlos con los cuatro compases aprendidos para la mano izquierda. Ahora podemos intentar utilizar las dos manos. Antes de hacerlo, no obstante, debemos asegurarnos de que cada mano domina su parte, de modo que tanto la izquierda como la derecha puedan ejecutar, casi de forma automática, los grupos de compases que hemos definido.

Nos queda por estudiar el acompañamiento que la mano izquierda debe realizar en los compases 9 a 12. Vamos a detenernos un poco aquí, pues esta parte, si bien es similar a lo que hemos visto hasta ahora, no es exactamente igual.

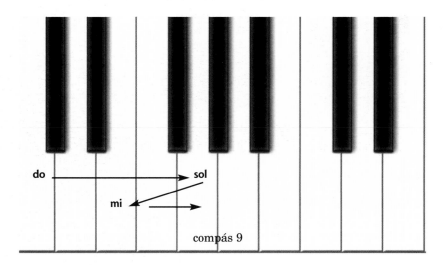

Esta vez, el do corresponde al de la segunda octava del teclado.

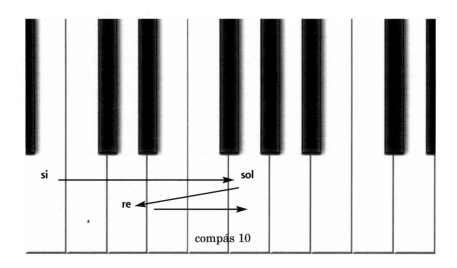

El compás 11 repite el compás 9.

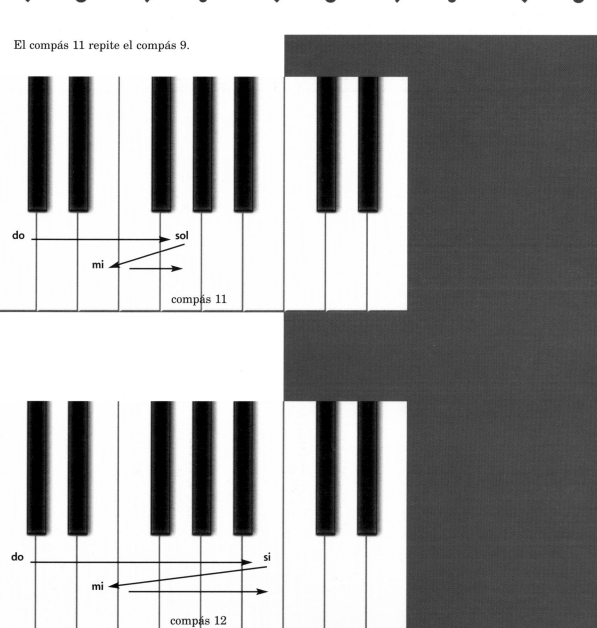

Twinkle, twinkle, little star

Se trata de una canción popular norteamericana muy sencilla. Vamos a estudiar, sobre todo, el acompañamiento con la mano izquierda.

Para preparar esta canción estudiaremos la melodía y el acompañamiento teniendo en cuenta las partes de que consta la composición. La canción presenta tres partes, que vamos a segmentar.

Primera parte:

compás 1	do do sol sol
compás 2	la la sol
compás 3	fa fa mi mi
compás 4	re re do

La segunda parte de la canción puede subdividirse en dos, pues los compases 5 y 6 se repiten en los compases 7 y 8:

compás 5	sol sol fa fa
compás 6	mi mi re
compás 7	sol sol fa fa
compás 8	mi mi re

Por último, existe una tercera parte, que no es sino la repetición de la primera. A partir de aquí podemos, con la mano derecha, preparar por separado las diversas partes de la melodía y después, una vez que las dominemos sobradamente, interpretarlas una a continuación de la otra, hasta que tengamos soltura ejecutando la canción.

Seguidamente prepararemos el acompañamiento para la mano izquierda. Dicho acompañamiento se ajusta a la estructura de la canción, de tal modo que las partes para la mano derecha se corresponden con las partes para la mano izquierda. De esta forma, el acompañamiento se divide también en tres partes, cada una de ellas de cuatro compases, repitiéndose, como ocurre con la melodía, los compases uno a cuatro (la primera parte) al final de la canción, después de la segunda parte.

Estudiemos, seguidamente, los primeros cuatro compases para la mano izquierda:

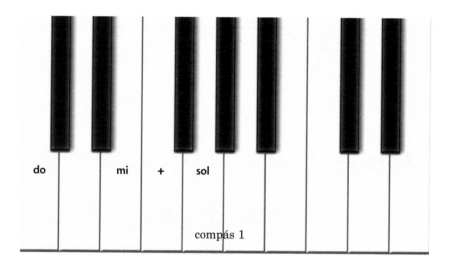

Si observamos la partitura, se debe interpretar do y, después, mi + sol (como si la nota mi y la nota sol fueran un acorde) y volver a repetir la secuencia do, mi + sol.

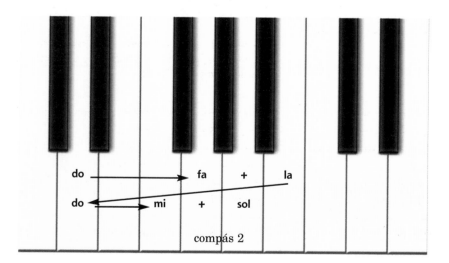

Esta vez, la secuencia es parecida al compás uno, pero con la diferencia de que debe interpretarse do, fa + la (ejecutando, al tiempo, las notas fa y la) y luego, do, mi + sol (ejecutando a la vez las notas mi y sol, como en el compás uno).

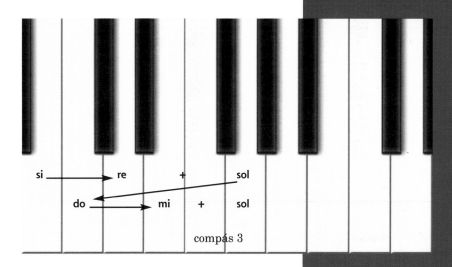

compás 3

En este compás, la secuencia es: si, re + sol (las notas re y sol deben interpretarse al mismo tiempo) y, a continuación, do, mi + sol. El cuarto compás, finalmente, repite el compás número 3.

Los compases 5 a 8 mantienen una estructura interna similar a los anteriores, aunque podemos apreciar ciertas diferencias:

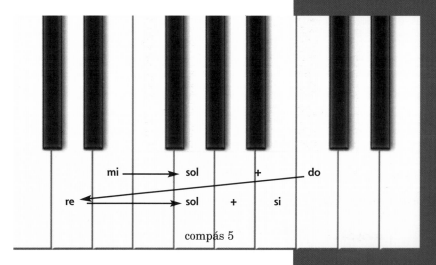

compás 5

La secuencia es la siguiente: mi, sol + do y re, sol + si. En el compás número 6 podemos observar dos notas que aparecen unidas en el pentagrama, que se han de ejecutar a la vez y que corresponden a dos teclas contiguas en el teclado.

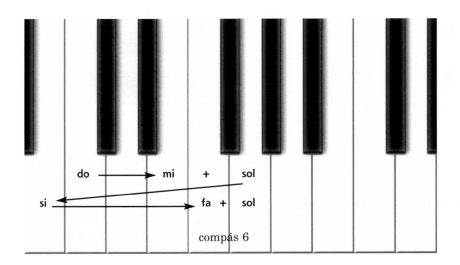

Los compases 7 y 8 son la repetición de los compases 5 y 6. A partir de aquí, ya tenemos construida la pieza, pues el resto de la parte que corresponde a la mano izquierda, los compases 9 a 12, es la repetición de los tres primeros compases de la mano izquierda. Sólo el último compás cambia. En todo caso, podemos practicar ya toda la parte de la mano izquierda y, una vez que nos la sepamos, intentar combinarla con las partes correspondientes de la mano derecha, procurando fijarnos en cómo las tres partes de cuatro compases de la canción se corresponden en una mano y otra. Vamos, ahora, a detallar el final de la canción para la mano izquierda: el compás 12 y último.

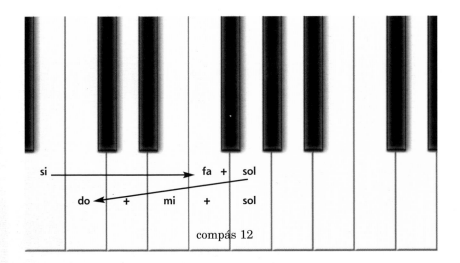

Este último compás presenta la particularidad de estar constituido por dos notas contiguas y un acorde de do mayor.

A continuación, ofrecemos otras sencillas canciones populares. Con los ejemplos anteriores, el estudiante podrá analizar por sí mismo la partitura y preparar la ejecución de la pieza. A modo de recordatorio, para identificar la posición de las notas ofrecemos las siete notas naturales (do, re, mi, fa, sol, la, si) sobre el pentagrama en las claves de sol y de fa.

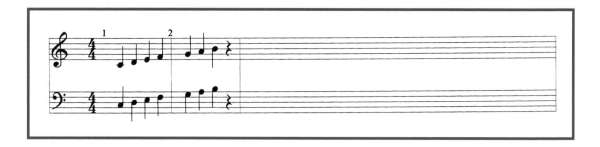

When the saints go marching in

Se trata de otra conocida canción americana, muy popular en la versión del músico de jazz y trompetista Louis Armstrong. Esta composición presenta la particularidad de que algunos sonidos tienen una duración que les hace saltar de compás. Es el caso de la nota redonda en los compases 2, 4, 8 y último, y de una nota blanca con puntillo en el compás 12. Esto indica que la nota debe prolongarse sin perder de vista la medida del compás siguiente sobre el que se prolonga. Una línea une la nota redonda y la blanca con puntillo con la nota que las prolonga en el compás siguiente correspondiente.

Cumpleaños feliz

Para entender en qué tonalidad hay que interpretar esta canción es necesario observar la armadura, que tiene un fa sostenido.

Himno a la alegría

Jingle bells

Es fácil aprender esta canción si se analiza y
se atiende tanto a la estructura de la melodía
~~mo~~ a la del acompañamiento de la mano iz-
~~a~~, muy similar en cada compás.

Campana sobre campana

En la partitura de este popular villancico debemos observar ciertas indicaciones. En primer lugar, la armadura, con los consiguientes sonidos alterados (en este caso, la nota si bemol), así como ciertos signos de repetición: ‖: :‖

Los compases incluidos entre estos signos deben repetirse. En el caso que nos ocupa, encontramos, en la partitura, uno de estos signos de repetición en el compás 8. Los dos puntos verticales del signo están colocados antes de la barra de compás. Esto indica que se deben repetir dos veces los compases 1 a 8. Sin embargo, en los compases 8 y 9, sobre las líneas del pentagrama observaremos otras indicaciones, entre ellas los números 1 y 2. Ello indica que, al ejecutar por

segunda vez los ocho primeros compases, después de tocar las notas correspondientes al compás número 7 tocaremos no las del 8, sino las del 9; pasaremos, por tanto, del 7 al 9. Por eso aparece un número 2 sobre el compás 9, para indicarnos que debemos tocar éste en la segunda vez.

Los signos de repetición los hallamos, de nuevo, entre los compases 17 y 24, que han de tocarse dos veces. También aquí nos encontramos con indicaciones sobre el pentagrama en los compases 24 y 25. Como en el caso anterior, estas indicaciones nos advierten de que, la segunda vez que volvamos sobre los compases 17 a 24, cuando hayamos ejecutado el compás 23 debemos saltar el compás 24 y tocar el 25.

Cucú, cantaba la rana

La melodía de esta canción puede repetirse varias veces, pues se trata de una composición con diferentes estrofas cuya música se corresponde, en todas ellas, con la partitura transcrita. Al repetir la música para acompañar varias estrofas, el último compás se completa con la primera nota del primer compás, y se sigue tocando los siguientes compases.

La letra de la canción es la siguiente:

Cucú, cantaba la rana,
cucú, debajo del agua.
Cucú, pasó un caballero,
cucú, con capa y sombrero.
Cucú, pasó una señora,
cucú, con traje de cola.
Cucú, le pidió un ramito,
cucú, no le quiso dar.
Cucú, cantaba la rana,
cucú, se puso a saltar.
Cucú, se metió en el agua,
cucú, se echó a revolcar.

La tarara

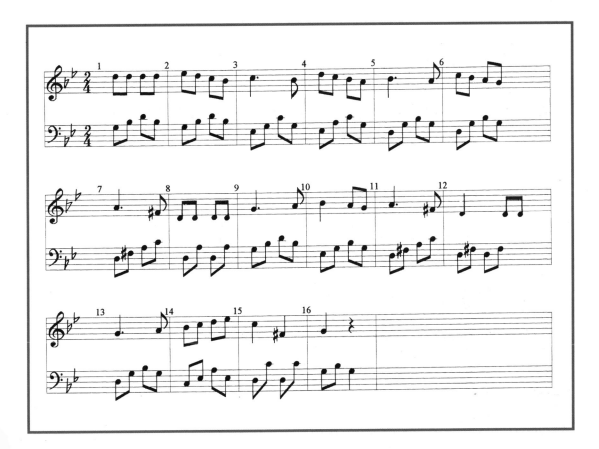

En esta canción debe tenerse en cuenta la armadura, tanto en la clave de sol como en la fa. En ella se indica que las notas si y mi interpretarse, respectivamente, como si bemol y mi bemol, en caso de figurar en la partitura. Debe atenderse también a los otros sonidos alterados que se indican en la partitura.

Es un muchacho excelente

Para interpretar este tema debemos prestar especial atención al tiempo (compás de seis por ocho) y a la armadura, que incluye fa sostenido.

Recuérdese que el signo llamado calderón (⌢) indica una prolongación del sonido a voluntad del intérprete.

CONCLUSIÓN

En este libro hemos intentado ofrecer tan sólo una introducción a un verdadero continente musical como es el piano. Esperamos que a través de estas páginas se haya despertado un primer interés por introducirse en un campo que, si bien exige esfuerzo y trabajo, ofrece, y esto es lo más importante, grandes satisfacciones. En todo caso, queda a nuestra discreción escoger un nivel, nunca demasiado elevado, para explorar dentro de él nuestras propias habilidades, hasta familiarizarnos con el instrumento y perderle el miedo, a veces excesivo, que algunos pueden llegar a sentir por él. De ahí que los teclados electrónicos, sobre los que es posible practicar todo lo que hemos indicado en estas páginas, deban considerarse no como un juguete, sino como una forma fácil y atractiva de expresión musical.

En definitiva, sobre las teclas blancas y negras podremos volcar nuestra sensibilidad, tanto para aprender como para crear arte.